岩本敏男
NTTデータ　相談役

自分のために働く

人生100年時代に
ふさわしい挑戦

ダイヤモンド社

まえがき

働き方改革の本質とは

いま、働き方をめぐって世間が騒がしい。そう、その筆頭はもちろん、政府が強力に推し進めている「働き方改革」だ。時間外労働の罰則付き上限規制、同一労働同一賃金、高度プロフェッショナル制度という3つの柱について、国会で侃々《かんかん》諤々《がくがく》の議論が進められ、2018年6月に法案が可決された。

当然、企業経営者はこの議論の行方を注視しており、私もその一人であった。しかし、勘違いしてほしくないのは、この働き方改革というものはあくまでも、働くうえでの「仕組み」の改革にすぎないということ。実際に働く人間が自分自身の働き方を真剣に見直し、そこから成長していけるかどうかは、また別の話であるということだ。

なぜ私がこの本を書くことにしたのか――その最大の理由はここにある。「自分は何のために働くのか、誰のために働くのか」といった〝働くことの根源〟に向き合うことがなければ、労働時間の意味や、そこから自分が生み出すべき価値に気づくことはできないからだ。そうでなければ、いくら新たな仕組みが整ったとしても、それは絵に描いた餅にすぎない。会社の労務管理のツールとなるだけである。

では、いったいどうすればいいのか。それは、「自分のために働く」ことに尽きる。私が本書で一番に伝えたいメッセージだ。自分だけよければいいとか、私利のために働くことを勧めているのではない。具体的にどうすればそれを実現できるかについては本文の中で詳しく解説していくつもりだが、少なくともここで言いたいのは、これからの時代は絶対にそうでなければならない、と私は信じているということだ。

そう思う理由の一つに、驚異的な速さで進む技術進化がある。その進化の速度が歴史上初めて人間の世代交代速度を上回った現在において、私たちの暮らしはもちろん、働き方においても、テクノロジーの進化が与える影響は計り知れない。また、「長寿社会の到来」も、従来の働き方を変える大きなファクターになるだろう。

ベストセラーとなった書籍『ライフ・シフト』（東洋経済新報社）で指摘された通り、まもなく到来する「人生１００年時代」においては、これまでよりも20年以上長く働かねばならなくなり、定年や引退という概念がなくなってしまう可能性もある。働くことの意味そのものが変わってしまうかもしれない。

もう一つ、グローバリゼーションの進展も、いまを生きる私たちに「自分のために働く」ことを求めている。顧客やビジネスパートナーだけでなく、上司や同僚に外国人が増えたという人も多いはずだ。NTTデータグループで言えば、グループ社員12万人の3分の2を海外社員が占めるまでになった。

そうした歴史も文化も価値観も異なる人々が一つになって働くためには、何のために働くのかという、仕事をするうえでの最も基本的な価値観をみんなが共有する必要がある。そして私はその共有すべき価値観こそが、「自分のために働く」ことだと考えている。

自分がなすべきことを知る

そんな時に問われるのが、やはり「自分自身」である。自分は何がしたいのか、人生をかけて何を成し遂げたいのかという心の声にきちんと耳を澄ますことができるか。そして、自分を信じて、何があってもブレずに前に進むことができるか——。私の信条でもあるこの「真実一路」こそが、先の見えない困難なこの時代に必要なのではないか。そうすることで初めて、自分のために働くことができ、誰のものでもない自分の人生の主役になれるのではないか。私はそう思えてならないのだ。

けっして、自己中心的になれと言っているわけではない。仲間や同僚、お客様、世間、時代の変化や未来といった、「自分自身を取り巻くもの」の存在も忘れてはならない。いやむしろ、そうしたものと真摯に向き合うことが、自分を知り、自分を大きく成長させるカギになるとさえ考えている。

ちなみにこうした姿勢は、当社がグループビジョンを実現するために大切にしているバリューにも込められている。それは「Clients first」(クライアント・ファースト)、「Foresight」(フォーサイト)、「Teamwork」(チームワーク)の3つ。本書では、これらを体現する具体的な取り組みについても紹介しながら、〝働くことの根源〟について考えていきたい。

「自分のために働く」――これがいかに尊いことか。本書を読むことでそれを感じてもらえれば、著者として幸いである。

自分のために働く　目次

第1章
変化を感じる
エクスポネンシャルな進化の波に乗れ

人にしかできない働き方

何かを判断する時、直感が重要な要素となるのは確かだが、それがまた外れることも珍しいことではない。目の前で異常事態が発生しているのに、心理的安定を得たいがために「これはよくあることだ」と思い込もうとしたり、周囲の同調圧力に負けてみずから判断して行動しようとしない。あるいはいったん決断すると、後からどんな情報が入ってきても、自分の判断が間違っていなかったと、いいように解釈する。こうした認知バイアスの影響は広く知られている。

そもそも、直感はその人の経験や情報に大きく左右される。無意識ではあるが、過去の判断や行動の結果、見たことや聞いたことに基づいて私たちは物事をとらえる。つまり、それまでの経験や常識が通じない世界では、直感はたいていの場合、あてにできないということになる。

IBMの実質的な創業者であるトーマス・ワトソンが、コンピュータの黎明期に「コンピュータの需要は、世界中でせいぜい5台くらいだろう」と予測したとされるのは、その好例だ。コンピュータのない世界を生きてきた彼がどれほど卓越した先見性を持っていたとしても、コンピュータどころか、スマートフォンの出荷台数が世界で15億台に迫る日が来ることを見通すのが難しかったのは当然だろう。

だから私たちは、常に直感をリセットしなければならない。特に時代の大きな転換点においては、過去の経験や常識を疑い、目の前で起こっている現実を直視することが求められる。そしていま、間違いなく私たちは、時代の潮目を生きている。

私が皆さんに疑ってほしいのは、「何のために働くのか」ということだ。生活のため、昇進のため、会社のため。どれもありうるだろう。だが、働く理由の核は、本当にそこにあるだろうか。そして、これから先も変わらないのだろうか。

技術進化のスピードと破壊力は、人類がかつて経験したことのない領域に入った。なかでもＡＩ（人工知能）とロボット技術の進化は、世の中のあり方そのものを根本から変えようとしている。当然、働き方も変わる。

決められたルールに則って、間違いなく効率的に仕事を処理することは、ロボットが最も得意とするところだ。ＡＩは、人間ならば勘や経験に頼って判断しがちな複雑な状況下で、あらゆる選択肢を検討したうえで判断することに長けている。この部分で人間は、ＡＩにかなわない。

一方、答えがはっきりしない問題を取り扱うのがＡＩは苦手だ。古来、人間の理想とされてきた「真善美」、すなわち真実なるもの、善きこと、美しいものを判断することは、いまのところＡＩには難しい。だからといって、多くの人間にその力が備わっているのかと言えば、必ずしもそうとはいえないだろう。それでも、最後に人間に期待されるのはおそらくこの部分ではないか、と私は考えている。

「真善美」に一般解はなく、各人の胸の内、頭の中に答えはある。そしてそれが、自分だけの「軸」となる。「自分軸」が、人生を歩むうえでどれほど大きな力になるかを教えてくれるのが、２０１８年の平昌《ピョンチャン》オリンピックの金メダリスト、小平奈緒選手だ。

スピードスケートでは日本女子初となる金メダルを獲得した小平選手は、大会後のインタビューで、31歳で栄冠を手にしたことについて聞かれ、次のように答えている。

「一般的に見れば、遅いのかもしれません。ただ、アスリートは常に自分を高め、最高のパフォーマンスを追い求めていくものなのかな、と。だから、どこが選手としてのピークなのかという考えや基準は、自分軸の中にはないんです。常に高みを目指していけるからこそ、いまもこうして現役をやれているのだと思います」

有力選手のほとんどが高校を卒業すると実業団に就職する中、小平選手は地元・長野県の信州大学に進み、結城匡啓コーチの指導を受けた。小学生の時に、長野オリンピックで金メダルを取った清水宏保選手を指導する結城コーチの姿を見て、「将来、この人に教わる」と心に決めたという。

大学卒業後、所属先が決まらずに困っていた時も、結城コーチの指導の下、長野で競技生活を送ることだけは譲らなかった。結局、そんな彼女の芯の通った姿勢が周囲の人々を動かし、松本市の相沢病院が支援を申し出る。相沢孝夫理事長は、小平選手の魅力を次のように語っている。

「純粋でどこにもブレがない。みんなそうなりたいけど、いろいろな事情でできない。だからこそ、自分が求める夢の姿を小平さんに見て、共感しているのだと思う」

2016年、マイクロソフトが開発した「人間と対話すればするほど賢くなる」AIが、インターネット上で一般人と会話をするうちに、ヒトラーを肯定するような差別的発言を繰り返すようになり、実験が中止されるという出来事があった。このように、膨大なデータから機械が自律的に学ぶディープラーニングの技術が進んでも、与えるデータが悪ければ、ＡＩは悪いことをせっせと学習してしまう。

ＡＩに善悪を判断させようとする研究も行われているが、そうなると何が善いことで、何が悪いことなのか、誰がそれを決めるのかという問題が生じる。少なくとも現時点においては、善悪を科学で論じること自体に無理があるといえるだろう。

裏を返せば当面の間、「真善美」は私たち人間に与えられた特権ということになる。ロボットにもＡＩにも代替されない働き方をしたいのなら、自分軸をしっかりと持つこと。それが新しい時代を生き、働くうえでの一つの必要条件となる。

困難な時代を生き抜くキーワード

そうした新しい時代の働き方と、経済的な報酬や立身出世といったこれまでの「働く理由」は、いかにも相性が悪い。そもそも、労働などという気の進まない行為はロボットやＡＩに任せて、人間は遊んでいればよくなる、という見方もある。そうなれば１日の大半の時間を職場で過ごし、人間関係に悩み、期待される成果を何とか上げようと奮闘努力する必要はもうない。

だがその時、私たちはどこに生きる理由を見出すのだろうか。趣味や家族のために時間を割く人もいるだろう。コミュニティに貢献することを生きがいにする人もいるはずだ。しかし、多くの人が壮大な暇潰しに貴重な人生の時間を費やすことになるのではないか。そう私は危惧している。

それゆえに、結局は「好きなこと」に人は帰っていくのではないだろうか。自分にとって意味のあること、心の底から正しいと思えるものに心血を注いで、それが世の中に価値をもたらすことができれば、これほどの喜びはない。そしてそれは多くの場合、仕事という手段を介して実現される。それはつまり、「自分のために働く」ということだ。

もちろん働き方そのものは、技術進化とそれに伴う社会の変化とともに大きく変わっていく。すでに日本でも、テレワークや兼業などの柔軟な働き方が広がろうとしている。それでも働くことの意義は変わらないし、むしろ大きくなっていくはずだ。

人が生きること、働くことの価値が問われる時代を、これから私たちは生き抜いていかなければならない。それは20代、30代の皆さんだけでなく、50代、60代であっても基本的には同じだ。

年金受給開始年齢を本人の選択で70歳を超えて先送りできる案も検討されているし、男性72歳、女性74歳の健康寿命はさらに延びると予想されている。そもそも、60歳や65歳でリタイアするには、いまの中高年は元気すぎる。たとえ老後資金が潤沢にあっても、人生の黄金期ともいえる60代、70代を無為に過ごすのは拷問に近い。

むしろ、キャリアを重ね、子育ても住宅ローン返済も一息ついた中高年ほど、何のために働くのかを自問する意味は大きいはずだ。「逃げ切る」ことを夢想するより、「自分のために働き続ける」ことを考えるほうが、心身の健康にはるかによい影響を与えることは確かだろう。

自分のために働こうとするなら、まず目の前の現実を見つめる必要がある。

深刻さを増す地球環境問題、地政学リスクの高まり、世界経済の重心の移動、世界的な高齢化といったあらゆる問題が、私たちの働き方に影響する。なかでも決定的なのが、デジタル・テクノロジーを中心とする技術の進化だ。ただ進化するだけでなく、世界中の隅々にまで行きわたる普及のスピードにおいても、過去のどの時代ともまったく異なる。デジタル・テクノロジーが、いままでにない変化を引き起こしているということだ。

マッキンゼー・グローバル・インスティテュートは「社会経済報告」の中で、実に興味深い数字を紹介している。新技術が誕生してから5000万人のユーザーを獲得するまでに要した時間は、ラジオが38年、テレビが13年だったのに対して、インターネットは3年、ツイッターは9カ月だというのである。おそらくこの記録は、今後も更新され続けていくはずだ。どんな技術もサービスも、過去の延長線上に留まっていることが許されない時代になったといえるだろう。

そして、個人の価値も同じだ。新しい技術の誕生と普及を機に、ある仕事は必要とされなくなり、数年前に求められたスキルは無価値化する。そういうことが日常的に起こる可能性がある。もちろん、次にどんな技術やサービスが生まれるかを正確に予測することは難しい。ただ一つ確かなのは、「進化が止まることはない」ということだけだ。

だからこそ私たちは、それが好ましいものでも、そうでないものであっても、現実から目を背けてはならない。すると、破壊的とも思える変化の波が、脅威ばかりではなく、さまざまな機会をもたらすことが見えてくる。

資金力や技術力の壁を突破してベンチャー企業が彗星のごとく台頭するように、年齢やキャリア、住む国や性別に関係なく、世の中にインパクトを与える仕事をする人が登場している。そうしたポジティブな面に注目すると、いまが働き方を転換するチャンスに満ちた時代であることが理解できるはずだ。

「アトム」から「ビット」へ

いま、世界をどのような変化が襲っているのか。技術進化を中心に見ていこう。

なかでもデジタル・テクノロジーが現代社会に与えるインパクトは凄まじい。なぜここまで時代を変え続けるのか。マサチューセッツ工科大学（ＭＩＴ）メディアラボのニコラス・ネグロポンテ所長（当時）が、四半世紀前に初めて述べたとされる「アトムからビットへ」という言葉にその本質がある。

「アトムからビットへ」はネグロポンテが１９９３年頃から使い始めた言葉で、１９９５年にベストセラーになった『ビーイング・デジタル』（アスキー）という本の中で繰り返し使われたことで世界に広まった。

アトムとは、物質が構成する世界を表す。ビジネスで言えば、鉄鋼業、自動車製造業、鉄道事業、不動産事業といった業種の中核要素はアトムである。一方でビットとは、情報が構成する世界だ。私たちＮＴＴデータという会社が行っている事業の中核要素はビットだし、皆さんが日常的に使っているスマホもビットのサービスで構成されている。

そして、このビットの世界がもう何十年にもわたって、エクスポネンシャル（指数関数的）な進化を続けているという状況が、世界にかつてない変化をもたらしている。

もちろんアトムの世界も、刻一刻と進化を遂げている。1964年に開業した東海道新幹線は、開業翌年以降、東京と大阪を3時間10分で結んだ。それから50年間で軌道も車両技術も進化を遂げ、現在のぞみ号は最速2時間22分で東京と大阪を結んでいる。ここまでの進化を遂げられたのは、世界のトップを走る日本の鉄道技術の賜物である。

しかしアトムの世界では、ビットの世界と同レベルでエクスポネンシャルな進化が起きることはない。あくまで思考実験としてだが、このアトムの世界にビットと同じような進化が起きたとしたら世の中はどうなるだろう。

アトムがあたかもビットのように進化したとすれば、新幹線のスピード向上により、東京〜大阪間が1分で結ばれるようになる。新幹線の路線の数も、現在の9本から1000本を超え、しかも毎年のように路線数は増え続けることになる。

さらに言えば、日本人が有効に活用できる土地の面積は1万倍に広がる。そして、鉄鋼やセメントのような建設資材の価格は100万分の1に下がるだろう。

そのような世界では、不動産の価値は激変することが容易に想像できると思う。10年前に都内に2LDKのマンションを購入した人は、その20分の1の価格で新たに購入した長野県の10LDKの広さのマンションに移り住み、そこから5分で都内に通えるようになる。さらに5年後には、北海道の100LDKの広さの家に住み替えて、都心で働けると予想される（もしもそんな広大な家に住みたいと考えるのであれば、だが）。

これがビットの世界で起きる進化である。家を買う人にとっては幸せな世界だが、そのように変化する世界で不動産ディベロッパーとして仕事をするのはとても大変なことだと想像できるだろう。

だが、実際のアトムの世界では、幸いにしてそれほどのスピードで変化は起きえないので、世界はある程度は安定している。一方で、この思考実験からわかるように、世界に大きな変化を引き起こしている原因は、このような驚異的なスピードで進化を続けるビットの世界にある。先に挙げた例えは、いずれもビットの世界で現実に起きたことである。

しかし忘れてはならないのは、アトムの世界もビットの世界も、互いに作用し合うということだ。ビットの世界、つまりデジタルの技術進化が、アトムの世界を動かすインフラとして現実社会に強い影響を及ぼすことで、世界全体をたえず変化が襲うことになる。

私たちはいま、ビットの世界が支配する情報革命の時代の真っただ中にあるのだ。

私たちを襲い続ける変化の波

情報革命期において、人はこれまでとは異なる変化の波に対応しなければならない。情報革命の時代に私たちを襲っているのは、大きく次の2つの波である。

一つは、「エクスポネンシャルな技術進化」。もう一つが、「異次元のグローバル化」だ。それぞれがどのようなものなのか、そしてこの2つが同時に進行することの意味は何なのかを考えてみたい。

まずは、「エクスポネンシャルな技術進化の波」について考えてみよう。私がこれまで、折に触れて話してきたことでもある。

すべてのデジタルの世界をつかさどる根源は3大要素技術、すなわち「CPU」(処理装置)、「ストレージ」(記憶装置)、「ネットワーク」(伝送装置)の3つであり、それぞれがエクスポネンシャルに性能を上げ続けている。

インテルが初めてマイクロプロセッサー(CPUの一種)を開発した1969年からの

50年間で、CPUの性能は80万倍ほどに向上した。

CPUの性能向上は「ムーアの法則」がよく知られている。CPUの能力は18カ月～24カ月で倍増するというもので、インテルの共同創始者のゴードン・ムーア博士が1965年に唱えた説だ。ただし、CPU能力の向上スピードに直接言及したわけではなく、一つの集積回路（ICチップ）に実装されるトランジスタ素子をどのくらいのスピードで小さくして詰め込めるかに言及したものである。トランジスタ素子の縮小化とCPUの能力アップには比例関係があり、CPU能力の向上の法則として知られるようになった。

これまでICチップの高性能化・高速化が進んできたのは、シリコンウェハー上に成形されるトランジスタや回路の微細化を進めてきた結果だ。微細化が進むと一秒間当たりのクロック数（周波数）を大きくすることができ、その結果、一秒間で処理できる命令の数が上がり、処理能力が高まることになる。

しかし、微細化を進めるにつれて技術は困難性を増し、消費電力や発熱などの問題も起こってくる。それでも2000年を過ぎる頃からは、一つのICチップ上に2つ以上のCPUを成形することで処理能力の向上が図られるようになった。これをマルチコアと言い、コアが2つのものをデュアルコア、4つのものをクアッドコアと呼ぶ。デュアルコアの処

図表1　3大要素技術のエクスポネンシャルな進化

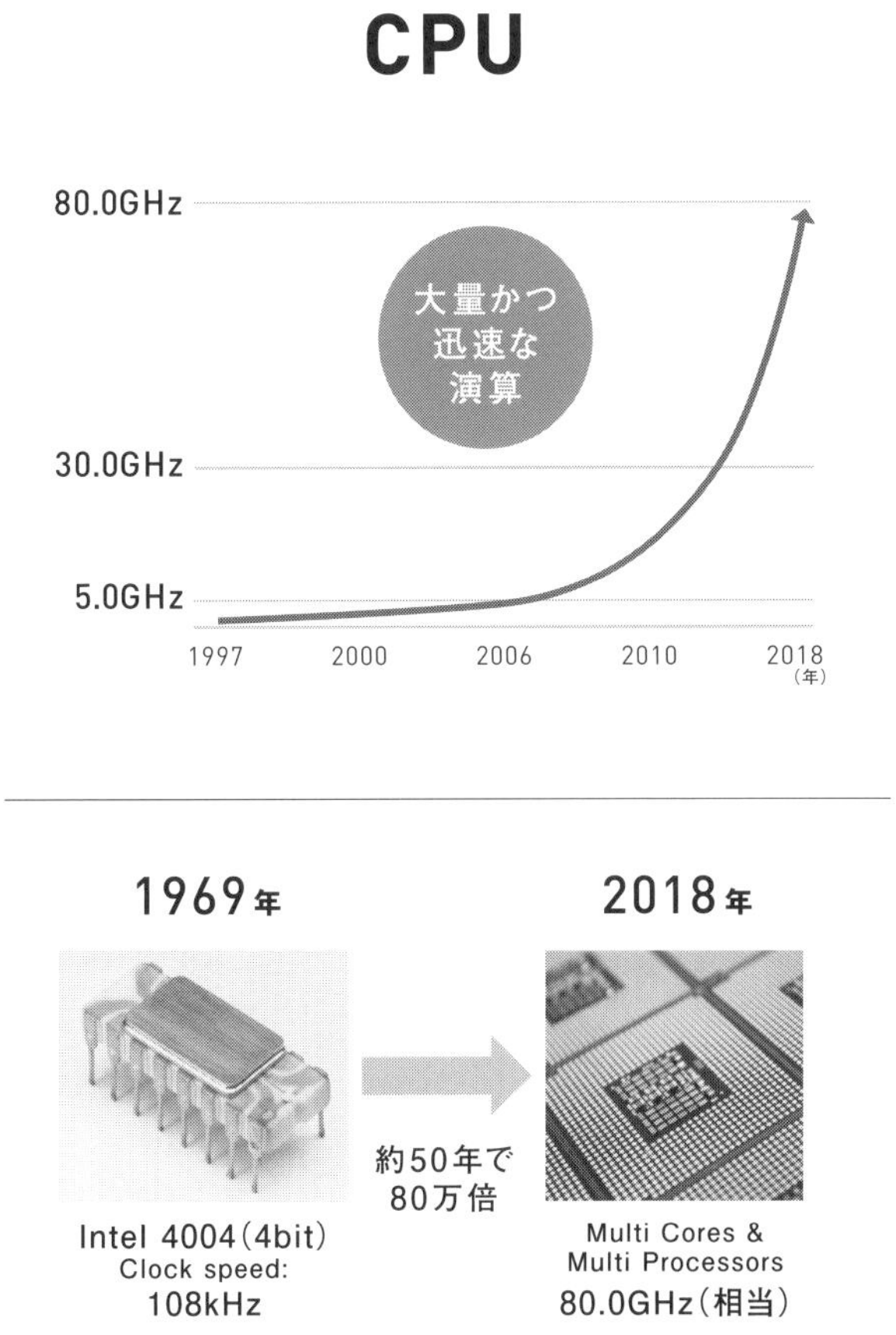

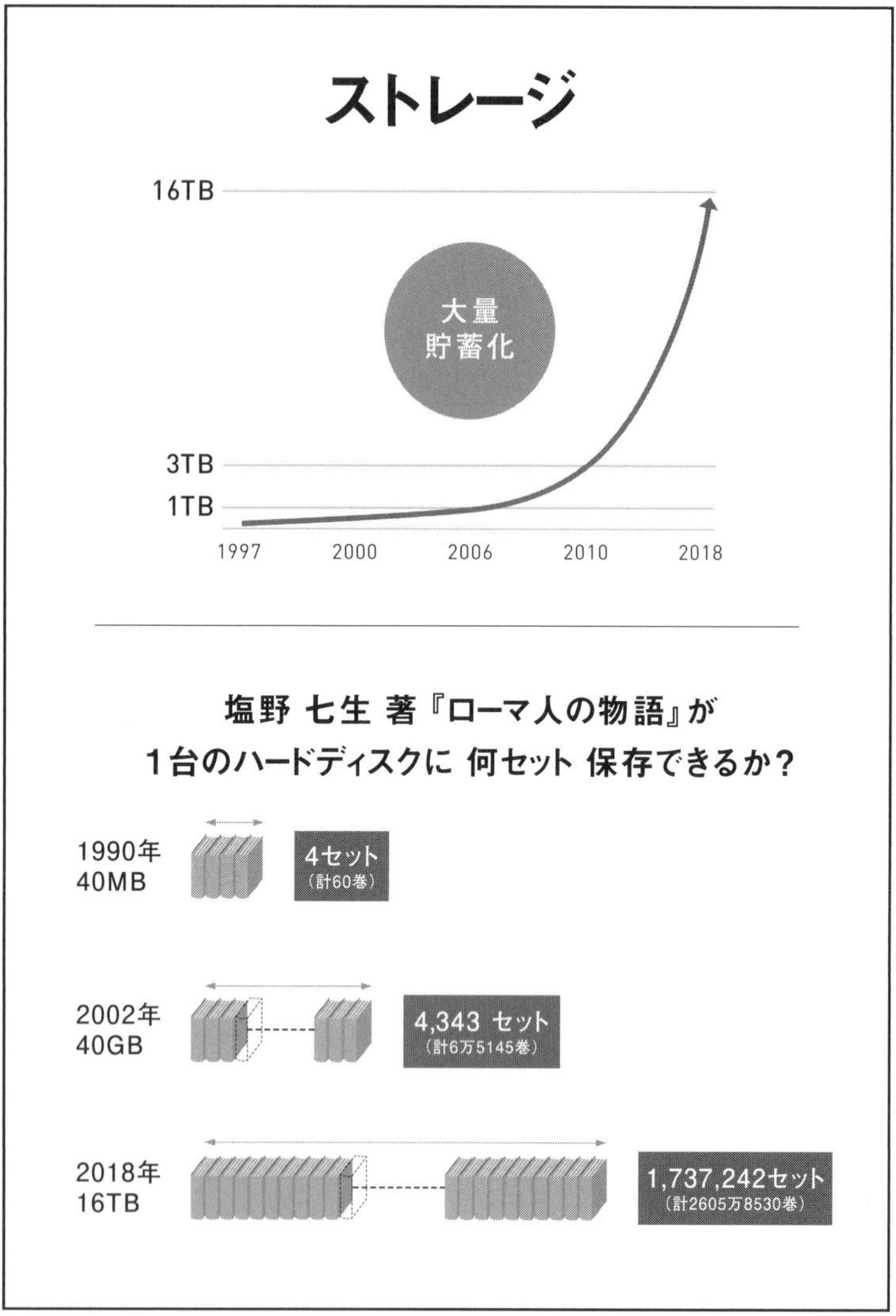
ストレージ
16TB
大量
貯蓄化
3TB
1TB
1997
2000
2006
2010
2018
塩野 七生 著『ローマ人の物語』が
1台のハードディスクに 何セット 保存できるか？
1990年
40MB
4セット
（計60巻）
2002年
40GB
4,343 セット
（計6万5145巻）
2018年
16TB
1,737,242セット
（計2605万8530巻）

ネットワーク

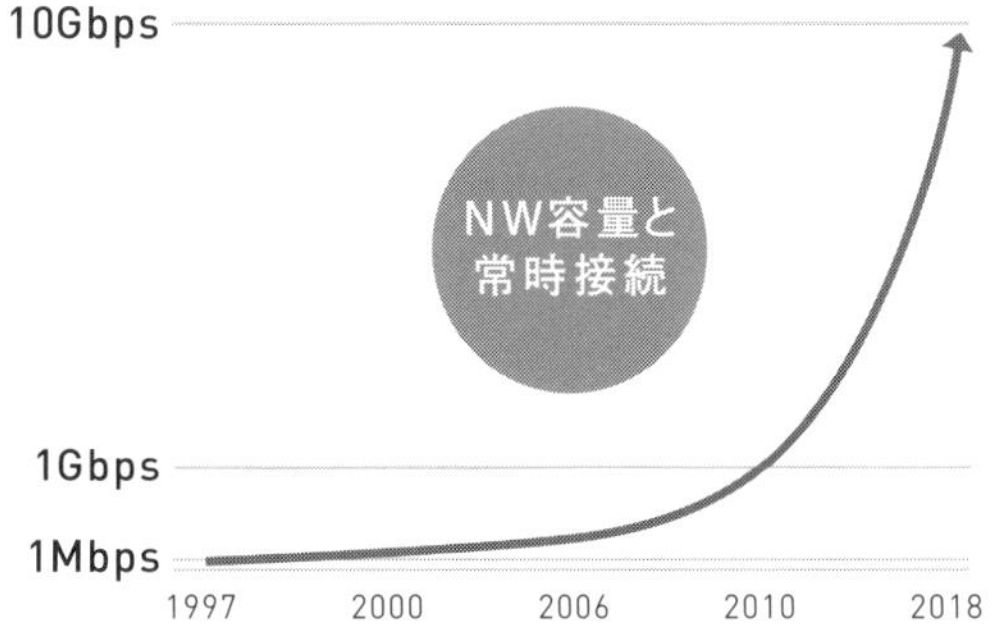

『風と共に去りぬ』をダウンロードするのに
どのくらい時間がかかるか?

1988年
ISDN 64kbps
30日
8時間10分40秒
(伝送効率100%)

2018年
FTTH 10Gbps
16秒
(伝送効率100%)

動画サイズ:3時間42分/約20GB(高画質版)

理能力はシングルコアの2倍にはならないが1・5倍程度にはなるので、消費電力や発熱の問題を克服しながら、CPU能力は増大してきている。

ムーアの法則には物理的な限界があることも知られている。トランジスタ素子は基本的にソース、ドレイン、ゲートという3つの電極があり、電子はソースからドレインに流れる。ゲートに電圧をかけることによってこの電子の流れを制御し、いわゆるオン・オフというスイッチ機能が実現できる。ところが、トランジスタ素子を微小化してゲート長（ソースとドレインの距離）が5ナノメートル（ナノメートルは10億分の1メートル）以下になると、江崎玲於奈博士が発見したトンネル効果によってこの電子の流れを制御できなくなる。これがムーアの法則の限界である。

しかし、この物理学的な限界であったゲート長5ナノメートルのハードルも、新しい材料を使うことで打破された。2018年3月にインテルやアドバンスト・マイクロ・デバイスの技術開発責任者などに話を聞いたところ、すでに3ナノメートルまで開発計画に入れているという。こうしたさまざまな試みにより、CPUの指数関数的な進化は留まるところを知らない。

さらに、従来のコンピュータとはまったく異なる動作原理である量子コンピュータの研究開発も盛んに行われている。その計算能力は桁違いに大きく、性能向上の限界を突破するとも期待されている。

ただし、本来的な量子コンピュータは絶対零度に近い特別な環境がないと実現しない。その意味で量子コンピュータは、物理学的な特殊状態を安定的につくる装置といってもいい。そのほかにもプログラミングなどソフト開発の点でも課題が多く残されているが、クラウドプラットフォームや特殊なインターフェースツールを介して、一般にも利用可能な日が来るのはそう遠いことではないと考えられる。

いずれにしても、CPUのパワーはしばらくの間、指数関数的な発展を継続することは間違いないだろう。

ストレージについても、ここ20年の進化は目覚ましい。私も愛読している塩野七生さんの『ローマ人の物語』(新潮社)全15巻をどのくらい記憶できるかを例に説明してみたい。『ローマ人の物語』は積み上げると、その高さは48センチにも及び、1990年に家庭用のストレージ(3・5インチのハードディスク)に保存しようとすると、4セット、計60巻しか入らなかった。それが2002年には43343セット、2018年には実に1737万7

２４２セットが保存できるまでになっている。東海道新幹線のレール上に並べると、東京駅から岡山駅を通り越して三原駅まで達する距離に相当する。

さらに２０１６年頃からはハードディスクではなく、巨大な記憶容量を持つＳＳＤ（ソリッド・ステート・ドライブ半導体記憶装置）が登場してきた。最新のＳＳＤに記憶させるとなんと１３８９万７９８７セット、約６６７１キロメートルに達する。こちらは成田からホノルルまでの飛行航路を超える距離である。このようにストレージも指数関数的な発展が続いている。

ネットワークの進化については、私も大好きな映画『風と共に去りぬ』を例に説明してみよう。

ビビアン・リーとクラーク・ゲーブルが主演したこの大作の上演時間は、ある編集バージョンでは3時間42分にも及ぶ。高画質版なら20ギガバイトというデータ量で、１９８８年頃の毎秒64キロビットのＩＳＤＮでダウンロードしようとすれば１００パーセントの伝送効率としても30日と8時間もかかり、現実的ではなかった。それが２０１８年には毎秒10ギガビットの光回線でダウンロードでき、わずか16秒しかかからないまでになった。

こうした進化は図表1を見ていただければわかるように、初めのうちはなだらかなカーブで、それほど大きな変化には思えない。それが、ある時点から急に角度を変えて立ち上がり、凄まじい変化を起こしてそれまでの常識を覆してしまう。こうしたある意味では暴力的とも思える変化を実感してもらうために、シリコンバレーにあるシンギュラリティ大学でいわれている話を紹介しよう。

ここに一台のロボットがある。1歩目の歩幅は2メートル、2歩目が4メートル、3歩目が8メートルとすると、10歩目の歩幅は1024メートルとなる。では、このロボットが30歩進んだ時、歩幅は何メートルになるだろうか。

私はこの話をここ2、3年、ロンドンではフィナンシャル・タイムズの記者、ニューヨークでは金融機関の関係者など、世界中でいろいろな方にしてきた。この問いに一番早く、的確に答えたのは、シリコンバレーに拠点を置くあるITベンダーのCTO（最高技術責任者）だ。彼は私の問いを聞き終えるとすぐに、「地球から月までの距離ではないですか」と答えた。いい回答だが、正解ではない。

実は問題の中に答えは隠されている。要は2の30乗はいくつかということなので、およそ100万キロメートル。地球の一周は約4万キロメートルだから、このロボットは30歩目には地球約25周分歩くことになる。まさに暴力的な進化のスピードだ。地球から月までの距離は約38万キロメートルなので、先のCTOの答えはいい線ではあるが、正答ではないということになる。

3大要素技術のエクスポネンシャルな変化の破壊力について、意気投合した人がいる。2016年にシリコンバレーでお会いしたレイ（レイモンド）・カーツワイル氏である。シンギュラリティ大学の設立者で、2005年に『The Singularity Is Near』という本を著し、「シンギュラリティ」という言葉を世の中に広めた人物である。

シンギュラリティとは直訳すれば技術的特異点となり、2045年頃にコンピュータ（AIと言ってもよい）の能力が地球上の人類の脳を超えることを意味する。

ともすると人類とAIとの対決のようにとらえられることが多いが、けっしてそうではない。そもそもシンギュラリティとは本来、「人類」の進化曲線が無限大になるポイントであり、コンピュータやAIの特異点を表すものではない。人類がAIと協調し、生物的進化の限界を突破する時、それをシンギュラリティと呼ぶのである。

現に先の本には「When Humans Transcend Biology」というサブタイトルがつけられている。日本語訳のタイトル『ポスト・ヒューマン誕生』（NHK出版）も、見事にシンギュラリティの本質を表している。

さて、CPU、ストレージ、ネットワークの3大要素技術がエクスポネンシャルに進化すると何が起こるのか。ごくわかりやすく言えば、性能的に次の次元に移行するたびに、「それまでできなかったナニカ」が「できるコト」に変わる。これがデジタルの世界で5年から10年ごとに、まったく新しい時代のキーワードが登場する理由である。

たとえば、現代のデジタルを語るために知っておくべきキーワードの一つに、「クラウド」がある。この言葉は実は、それほど古くからあるものではない。2006年にシリコンバレーで開催された検索エンジンに関する世界会議の場で、グーグル共同創業者のエリック・シュミット氏が発言したのが最初とされる。

このクラウドも、10年ほど前にCPU、ストレージ、ネットワークの3大要素技術が1段階ギアアップした結果、比較的最近になって「できるコト」になった。そしていまでは、時代を動かすデジタルのキーワードとして注目を浴びている。

それはこういうことだ。2000年代にネットワークのスピードが、それ以前から一段、新しい次元に突入した。そうすると高性能なコンピュータを手元に置くよりも、ネットワークの先に置かれた超高速なコンピュータ（ＣＰＵ）や大きな容量のストレージを使うほうが経済的にも性能的にも効率がよくなる。そのような事情から、この10年間で皆さんが使うＩＴサービスの多くが、クラウド上に置かれるようになった。

クラウドが主流になったことと表裏の関係でなくてはならない存在になったのが、スマートフォンである。スティーブ・ジョブズが発表したｉＰｈｏｎｅは、電話機の形をしているが、その本質はポケットに入れて持ち歩ける小型のパソコン（ＰＣ）である。

それ以前の10年間にはＰＣでなければできなかった作業が、モバイルのネットワーク速度がギガの次元に突入し、クラウドが登場したことで、手のひらに入るスマホで代替できるようになった。最近、「ＰＣを使えない新人が入社するようになった」という現象も、実はこの技術進化の流れと関係している。

そして、ほぼすべての世代の人々がスマホを持ち歩くようになるとともに、ＳＮＳ（ソーシャルネットワーク・サービス）の利用が生活の中心に来るようになった。ツイッターやインスタグラム、フェイスブックやＬＩＮＥといったサービスを利用して、物理的に離れていても、いつも友人・知人と近くで対話をしたり、同僚と仕事をできる世界が誕生したのだ。

このように整理すると、いまではすっかり自然に生活の中に存在しているように見えるクラウドもスマホもＳＮＳも、実はエクスポネンシャルな技術進化が起きた結果により登場した、比較的新しいサービスであることがわかる。

先に見たように、わずか10年前、15年前のＣＰＵ、ストレージ、ネットワークの速度や容量では、これらのサービスはコンセプトとしては存在しても現実に使えるものではなかった。それゆえ当時は、クラウド、スマホ、ＳＮＳではなく、ＰＣ、ハードディスク、ガラケー、ホームページといったキーワードが世界を動かしていた。古めかしく感じるかもしれないが、２０００年代初期はそれらが、「世界を変える技術」だったのである。

変化のスピードは桁違いになる

では、これから先の未来はどうなるか。ＣＰＵ、ストレージ、ネットワークの3大要素技術がさらに新しい次元に進化したことで、現在進行形で新しいキーワードが注目されている。

まず1つ目は、モノの情報をインターネットにつなぐコストが劇的に下がったことで実用化されつつある、ＩｏＴ（Internet of Things）と呼ばれる新しい技術である。

街中を走る自動車の各部品、スーパーやコンビニの棚に並ぶ一個一個の商品、鉄道や高速道路といったインフラの部材、街中に張りめぐらされたセンサーや防犯カメラの画像。こういったもののすべての情報が、いまから5年以内の近未来には、ＩｏＴとしてインターネットにつながるようになると考えられる。

２つ目に、インターネットの先にあるストレージの容量が新しい次元に進化することで、それらＩｏＴから吸い上げられた桁違いの数の情報が保存可能になったことがある。ＣＰＵのスピードの次元も進化するため、これまで扱うことができなかった莫大な量の情報が利用可能な情報として処理できるようになる。これがビッグデータ・アナリティクスだ。

さらに近年、３つ目の要素としてＡＩの進化が加わった。人間の思考力では追い付かない次元の情報処理を、ＡＩに任せることでこなせるようになる。これにより、ビッグデータの活用は、さらにインテリジェント化することになる。

ＡＩが切り開いた「コンピュータがみずから判断して動作する自律化」は、人類が初めて経験する世界である。近い将来のビジネス社会では、これまでの常識や既成概念は通じなくなり、その変化のスピードも従来とは桁違いになるだろう。従来のビジネスに固執するだけでは、この時代を生き延びることはできない。

このように要素技術が進化し、新しい次元に突入するたびに、新しく「できるようになったコト」が出現して世界を変えていく。３大要素技術はエクスポネンシャルなスピードで進化を遂げていくから、５年、10年の期間で見ると、「それまでできなかったいくつものナニカ」が「できるコト」に変わる。

これが、激変する世界がつくられていく根本原因ということになる。２０１８年の「いま」を支配するのは、ここに挙げた技術、つまりＳＮＳ、スマホのほかにドローンなどを含むモバイル、ビッグデータ・アナリティクス、クラウド、ＩｏＴそしてＡＩだ。しばらくはこれらの技術が、私たちの生活や職場を変えるキーワードとなる。

ここにもう一つ付け加えるとすれば、セキュリティが挙げられる。先の技術でつくり上げられる世界には、一方でウイルス感染や不正侵入などの脅威がある。新たな技術が持つ無限の可能性を追求するためにも、セキュリティ技術の確立が不可欠となる。

さて、こうした世界を変えていく技術には必ず「その先」がある。

私たちが覚悟しなければならないのは、これからの5年、10年で、CPU、ストレージ、ネットワークの3大要素技術は、また次の次元の性能に進化するということだ。その結果、現在はまだできない新しいことが、5年後、10年後の世界では当たり前の技術として、次の世界を動かすようになる。

エクスポネンシャルな技術進化は、常に新しい時代のキーワードを生み出していくものなのである。

ヒト・モノ・カネが世界を駆けめぐる

情報革命が引き起こすもう一つの大きな変化の波が、「異次元のグローバル化」である。情報革命以降、世界は確実に「小さくなっている」。世界を小さくする引き金を引いたのはデジタル・テクノロジーであるが、前述したように、その影響はビットの世界だけではなく、アトムの世界も変えている。

グローバル社会では、ヒト・モノ・カネ・情報の国際間移動が急拡大している。このうち、情報がデジタルの進化であっという間に世界を駆けめぐるようになったことは、即座に理解できるはずだ。

またカネも、その取引の大半は現在ではデジタル情報に置き換わっている。1兆円規模の巨額なM&A取引から数十円の電子マネー決済まで、経済の中で取り交わされるカネの移動は、デジタル情報の移動によって処理される。それゆえ、カネも情報と同様に、デジタルが進化するにつれて、グローバル化しやすいということになる。

デジタルの進化によってグローバル化が異次元の時代に突入したのは、モノについても顕著に認められる。たとえばコンテナ輸送のような国際間のモノの流れが、低コストでハンドリングできる時代になり、世界の海は輸送されるモノの流れで埋め尽くされるようになった。

また、情報が容易に国際間を流通するようになったおかげで、ヒトの移動に関するリスクも減少した。見知らぬ国、見知らぬ都市に出かける時も、その場所で気をつけておくべきリスク情報から文化、さらには世界遺産や有名レストランの商習慣情報までを、事前に把握できるようになった。おかげで、国際間の航空旅客数は激増した。

私たちがこの現象を身近に体感できるのは、訪日外国人の激増ぶりだろう。銀座の表通りには、買い物を楽しむ外国人観光客と彼らを運ぶバスが列を成し、SNSで有名になった山奥のひなびた温泉に突然、外国人が押し寄せるといった光景が見られる。爆買いや民泊などというビジネスのキーワードも、すっかり一般的な言葉として浸透した。

一方で、最近の『日本経済新聞』を見ると、国内企業の記事よりも大きく、欧米の政治に関する記事や、アジアの経済、ビジネスに関する記事が掲載されている。これはそのまま、読者の関心のありどころを示している。

グローバルという視点抜きには、ビジネスも生活も成立しない時代がやってきた。1980年までの日本では、製造業ですら工場は主に国内が主力で、海外のビジネスといえば、海外の専門家である総合商社に頼ることが少なくなかった。

それが1985年のプラザ合意以降の円高水準に対応するため、まず製造業の多くが海外に生産拠点を移した。

そして1990年代以降、経済のグローバル化の進行に伴い、M&Aを通じた海外企業の買収が相次ぐようになる。海外企業と日本企業の経営統合も、珍しいことではなくなってきた。小売業やサービス業の海外進出が相次ぐとともに、製造業では生産拠点だけではなく、研究開発拠点や本社機能を海外に置くケースも増えている。

私たちNTTデータも2000年代に入って以降、急速に海外事業のウェイトが増えてきた。電電公社をルーツとし、超ドメスティックな企業だったが、2005年に今後10年間を見据えたビジョンを策定する時、キーメッセージとして「Global IT Innovator」を制定し、本格的にグローバル戦略に軸足を移した。

もちろん、今後も日本で新しい技術で革新的なシステムを提案し続けることの価値は変わらない。しかし、国内市場が少子高齢化などにより大きな成長を期待できない中、より大きな成長機会をグローバルに求めることは必然であった。

それから10年以上が経過し、2018年3月末時点で、世界53の国と地域でビジネスを展開している。海外売上げは約9000億円と、全体の4割以上を占めるまでとなった。全従業員12万人のうち、8万人以上が海外の従業員である。

こうなってくると、個々人が働くうえでも、グローバルとどう向き合うかが問われるようになる。多様な国の人材が同じグループに集まって働くことは、知の多様化を意味している。意外なところにイノベーションの芽が誕生していたり、特定の知識についてのエキスパートが存在していたりしている。

こういった人材の多様化を武器にできれば、企業として大きな力を得ることになる。逆に、社内に遍在するグローバルな同僚たちの知見を活用し切れないようであれば、会社としても個人の機会としても、それはあまりにももったいない。

だからこそ、経営も人材もグローバル化が求められる。日本企業、少なくとも大企業においては誰もが、国籍や宗教の異なる部下や同僚、そして外国人の上司と働く能力が求められるようになった。異次元のグローバル化は、私たちの仕事にも確実に変化をもたらしている。

デジタルがもたらした「スモールワールド」現象

しかし、あまり「グローバル化が重要だ」と強調すると、肩に力が入りすぎたり、海外の同僚と仕事をしたりするのが億劫になるかもしれない。私自身が心がけてきたのは、グローバル化を楽しむことだ。その姿勢は、20年以上前から続いている海外のＩＴベンダーを訪問する時も、役員になって急速に海外でのビジネスのウェイトが大きくなった後も変わらなかった。

また、不確実性が増している一方で、世界は多様化し、ある意味で「小さくなっている」ともいえる。つまり、多様で小さな世界（スモールワールド）を楽しむことが、これからの時代を生き抜くカギになると考える。

知り合いをたどっていけば、比較的簡単に世界中の誰にでも行き着く——。世界で最初に、この「スモールワールド現象」について提唱したのは、アメリカの社会心理学者スタンレー・ミルグラムだった。1960年代後半、ミルグラムは手紙を使った興味深い実験を行っている。彼はまず、ネブラスカ州オマハに住む住人160人に、1枚の写真と次のような手紙を送った。

「同封した写真の人物は、マサチューセッツ州ボストン在住の株式仲買人です。この顔と名前の人物をご存じでしたら、その人の元へこの手紙をお送りください。この人を知らない場合は、あなたの住所氏名を書き加えたうえで、あなたの友人の中で知っていそうな人にこの手紙を送ってください」

俳優などの有名人ならともかく、ただの仲買人である。しかも、オマハはボストンから約2250キロも離れており、そうそう知り合いがいるとは思えない。ところが、意外な結果が明らかとなった。
ボストンの仲買人の元に届いた手紙は、42通（26・25％）。また、その42通が届くまでに経た人数の平均は、5・83人であった。つまり、遠く離れた人同士でも、何人か知り合いを介してつながっている場合があること、さらにその人数は約6人であることがわかったのだ。この実験結果は話題となり、「6次の隔たり」（Six Degrees of Separation）という言葉で世界に知られることとなった。

このミルグラムの実験以降、「世界は意外と小さい。しかも時代を経てより小さくなりつつある」と研究者たちは見ているようだ。

1988年にコーネル大学の数学者、ダンカン・ワッツとスティーブン・ストロガッツが、より数学的にこの事実を解明しているが、彼らの『スモールワールド・ネットワーク』における集団力学」という論文で発表されたのは、6人ではなく、5人だった。
また2016年2月、フェイスブックが公表した調査結果によれば、「平均して3・57人を介すれば、世界中の誰とでもつながっている」そうだ。アクティブユーザー15億9000万人を対象に、ミラノ大学と共同で調査・分析を行い、この結果に行き着いたという。

さらに同社によれば、「つながるために必要とされる平均人数は年々減っている」そうだ。ユーザー数が増え、コミュニティの規模が広がるのに伴って、つながりが生まれて隔たりがさらに縮まるのであれば、世界のスモール化は今後さらにスピードを増していくことになる。

現在、この「スモールワールド現象」はインターネットのみならず、経済、生態系、脳内科学、伝染病に関わる公衆衛生学など、さまざまな分野で適用されている。そして私自身も、個人がグローバル化に対応していくうえで、このスモールワールドという考え方がカギになると考えている。

グローバル化というと大きな話のように思えるが、実はそうではない。本当のグローバル人材とは、「世界は小さい。そして意外と近い」と感じられる人のことではないだろうか。それができれば、たとえいまは力不足でも、グローバルで生きていく力を身につけることができる。

なぜか。それは、今後グローバル化の波にうまく乗るには、周囲と多く接点を持ち、自分のネットワークを広げることが大切だからだ。多様な人とつながり、その違いや意外性を楽しみ、ネットワークを広げられる人間ほど、他人との隔たりが縮まり、思わぬ人と出会ったりするものだ。

象徴的なのが、フェイスブックなどのSNSを使った転職サービスである。転職仲介企業のサイトに登録すると、SNSのプロフィール情報が求人企業に公開される。すると、それまでまったく接点のなかった海外企業がアプローチしてくることもある。その際、学歴や趣味だけでなく、人脈も注目されるのは言うまでもない。

ビジネス特化型のSNSとして知られるリンクトインでは、ユーザーが職歴や技能などビジネス向けのプロフィールを載せることで、ビジネスパートナーや人材を探したり、クライアントや営業先などとコンタクトを取り合ったりできる。アメリカを発祥地として世界中にユーザーが広がっていることから、海外ビジネスに利用する人が多い。

このようにグローバルな舞台で自分のネットワークを広げ、他人とつながるには、多様な価値観を受け入れる柔軟性もまた、重要になってくる。人によって異なる個性はもちろん、国ごとに異なる文化、風習もオープンマインドで学び、自分の中にどんどん取り入れていきたい。

グローバルに仕事が広がっていくと、違いをきちんと意識して理解しなければいけない場合が出てくる。日本では当然のビジネス慣習でも、海外では法律的に許されないケースもある。

たとえば、日本では採用面接の際に履歴書に生年月日を記入し、顔写真を貼るのは当たり前のことだ。しかしこれをアメリカで要求したら、即、法律違反になる。人種、容姿はもちろん、年齢を採用の判断基準にすることは許されていない。

フランスではさらに、履歴書からある項目を削除することが議論されているという。何と、履歴書に氏名を書かないようにしようというもの。背景には、移民差別が深刻な社会問題になっていることがある。イスラム系の人材は、名前を書くと就職面接に呼ばれないというのだ。

このような話を聞くと、「グローバルは怖い」と感じる方もいるかもしれない。しかし私は、「違いを学べることが楽しい」と考えながら仕事をしてきた。違う理由を知ってみると、その背景に意外な事実があったり、違いの中にも意外な共通点が見つかったりして、なかなか楽しいものだ。

些細な違い、共通点を面白がることができれば、世界の人とつながる体験がもっともっと刺激的なものになるだろう。

「2つの視点」で変化に向き合う

エクスポネンシャルな技術進化と、異次元のグローバル化という、2つの変化の波。それに翻弄されてしまえば、仕事は常に受け身になってしまう。では、いったいどのように変化と対峙すればいいのだろうか。

こうしたさまざまな波に揉まれる中にあって忘れてならないのは、その時々の状況や社会環境を客観的にとらえ、自分が立っている位置をしっかりと自覚することである。そこで役に立つのが、「2つの視点」を持つことだ。物事をこの2つの視点でとらえ、さらにその間を縦横無尽に行き来することで、変化の波の中にある、新しい答えに近づくことができる。

1つ目は、「ズームイン・ズームアウトの視点」だ。

まずは人工衛星にでも乗り込んだつもりで、宇宙から地球を見てみよう。アジアで、欧米で、アフリカで、いまいったい何が起きているのか、どんな動きがあるのかを広くとらえてみるといい。

そして次は、日本に着目する。すると、世界における日本の立ち位置や、世界との違いが見えてくる。さらには、自社が属する業界、自社、自部門、自分の仕事……という具合に、視野をどんどん絞り込んでいく。これが「ズームイン」だ。

反対の「ズームアウト」についてはこうだ。まずは自分自身の足元をじっくりと見つめることから始める。いまの自分が置かれている状況はどんなものなのか。何に頭を悩ませて、何に苦闘しているのか。同様に、周囲の誰かや、携わっているプロジェクトの一工程にフォーカスしてみるのもいい。

そして今度は、外に向かって視野を広げていく。ちょうどドローンにカメラを積んで、いまいる地点から高く上昇していくように、自分が苦闘している状況を、周りの人間関係や障害物などの具合を眺めながらずっと上がっていく。さらには会社全体、日本全体、世界全体の経済・政治の状態なども合わせて鳥瞰する。

ただし、こちらは現在の自分の立ち位置に囚われて、視野を十分に上方に上げられないおそれもある。一方、ズームインであれば、いきなり視点を宇宙規模まで持ち上げ、そこから落とすことで、自分や自分の周囲がより客観的に見えてくる。まずはズームインの視点を試していただきたい。

いずれにしろ「ズームイン・ズームアウトの視点」を持つことで、いまの自分が置かれた状況がそれまでとは違って見えてくる。目の前に立ちはだかっているように感じていた壁は、よく見るとそれほど高くも長くもないようだ。工夫をすれば乗り越えられるかもしれないし、少し遠回りすれば迂回することもできそうだ。自分が進むべき道筋や方向が、客観的に浮かび上がってくる。

2つ目にお勧めしたいのが、「歴史の視点」を持つことだ。

この視点で戦後の日本の経済史を俯瞰すると、1960年代以降に「製造業の時代」が、1990年代以降に「サービス業の時代」が、それぞれ到来していることに気づく。製造業の時代の王者は当初、繊維をはじめとする軽工業だった。続いて造船や鉄鋼が伸び、さらに家電製品や自動車、そして半導体が脚光を浴びる。

ちなみに私は、長野県の諏訪地方に生まれ育った。時計やカメラなど精密機械製造のメッカだった地域である。小学校の高学年の時、社会科の授業でカメラメーカーの工場を訪ねた。

ベルトコンベアーの両側に、白い作業着の女性の工員さんが整然と並んでいる。生産ラインにカメラのボディが流れていくと、レンズやシャッターなどの部品が供給され、彼女たちの手で驚くべきスピードと正確性をもって組み立てられていく。日本の加工貿易を支える技術の素晴らしさに、子ども心に感銘を受けたものだった。

ところがその後、工場には自動化の時代が訪れる。こうした自動化は、生産力や品質の向上、コスト削減をもたらす一方で、働く人の数を激減させた。そうした労働者の受け皿となったのが、サービス業である。外食産業や運輸業をはじめとするサービス業の台頭で、日本経済は新たな成長のステージを上った。

ともすれば、私たちは目の前にある現実がすべてだと勘違いしてしまうが、「変わらぬものは何もない」ことを歴史は教えてくれる。過去から未来につながる時の中でいまをとらえるという「歴史の視点」を持てば、目にしている風景や直面している現実が、別の意味を持って浮かび上がってくるだろう。

情報を味方につける

変化の波に飲み込まれないために、2つの視点とともに有効なのが、情報を味方につける方法だ。混沌とした状況下で道を間違えずに歩くために、「情報」は頼もしい杖になる。歴史を振り返れば、今日と同じような不確実な時代を情報戦で勝ち抜いた人物は少なからずいる。

その一人が、ネイサン・メイアー・ロスチャイルドだ。ヨーロッパの貴族、金融資産家一族として知られるロスチャイルド財閥の実質的な始祖である。ナポレオンの2歳年上と言えば、彼がヨーロッパの動乱期を生き抜いたことがわかるだろう。

すでに繊維業や銀行家として富を築きつつあったネイサンは、1815年、人生を賭けた大勝負に出ている。この時ヨーロッパでは、ナポレオン軍率いるフランスと、イギリス、オランダ、プロイセンとの戦争「ワーテルローの戦い」が激しさを増していた。


彼が目をつけたのは、戦費であるイギリスの国債、コンソル公債である。ナポレオン軍が勝利すればコンソル公債は暴落し、イギリスが勝てば高騰する。いったいどちらに転ぶのか。ロンドンの投資家たちは戦々恐々としていた。

ネイサンは他の投資家のように、その様子を手をこまねいて見守ったりはしなかった。刻々と変わる戦況をつぶさに知ることに努めたのである。ネイサンと同じく銀行家の父や兄弟たちが、すでに大陸内で幅広く通商ルートや情報網を確立していた。しかしネイサンはそれだけでは飽き足らず、狼煙《のろし》、馬車、伝書鳩、船とあらゆる手段を駆使し、さらに多くの情報をかき集めた。

その結果、誰よりも早く「イギリス軍が勝利した」という情報をつかむことに成功する。そこでネイサンはどうしたか。普通ならば価格高騰を見込んでコンソル公債を買い集めるところだろう。だが、彼が取った行動は驚くべきものだった。何と、コンソル公債を大量に売却するという手に出たのだ。

ロンドンの人々は慌てた。何しろイギリスきっての情報通が国債を投げ売ったのである。これは絶対にイギリスが敗れるに違いないと思い、我先にとコンソル公債を売り始めた。当然、価格は大暴落する。すべてネイサンの目算通りだった。こっそり依頼していた代理人を使い、暴落した公債をありったけ買い漁った。

そしてその翌日、イギリス軍勝利のニュースがロンドンにもたらされると、コンソル公債は大反発。ネイサンは晴れて100万ポンドという巨万の富を手にしたのである。

現代なら、相場操縦的行為として咎《とが》を受けるだろうし、倫理的にも問題があるかもしれない。だが、このエピソードから私たちが学べることが2つある。

一つは、「情報は受け身では手に入らない」ということだ。あらゆる手段を駆使して入手する情報こそ価値を持つ。ネイサンは遠い外国の情報を、他人が用いないルートを使って獲得した。現代ではインターネットを使えば海外情報など山のように集められるが、誰もが接するニュースや記事だけでは、情報戦で抜きん出ることはできないだろう。

そしてもう一つは、「的確な判断を下すためには、情報を加工して、より意味のあるものに昇華させなければならない」ということだ。貴重で豊富な情報を入手できたとはいえ、そこからイギリス軍の勝利という結論を導き出し、公債の大量売りという行動を取ったのは、情報の管理と分析、それに基づく意思決定のなせる業だったのである。

「情報の3階層」を操る

どのようにしてネイサンは情報を昇華させたのか。それを知るには、情報には、データ、インフォメーション、インテリジェンスという3つの階層があることを理解していただく必要がある。

データはただの起こった出来事、事実を表す印の集合体であり、それを収集するだけでは意味を成さない。データ（事実）から必要なものだけを選別し、分析することで初めて、インフォメーション（情報）になる。さらにこれに価値観を加えることで、インテリジェンス（知見）に昇華する。ネイサンはこの3階層を操ることで、他者に抜きん出ることが

図表2　「情報の3階層」を駆使して行動につなげる

できたのである。

言うまでもなく、このうち最も価値があるのはインテリジェンスである。国家でも企業でも個人でも、何らかの行動を起こす時には、正しい情報を集め、これを分析して取るべき行動を選択する。その時、実は、集めた情報（インフォメーション）を頭の中、あるいは組織の中でインテリジェンスに昇華させている。

身近な例で説明しよう。今日、夕食を食べに行くとして、誰と行くか、どの店にするか、和食か、中華か、イタリアンかなど、いくつもの行動の選択肢がある。最終的にはどこかに落ち着くわけだが、その時さまざまな情報が私たちの頭の中を駆けめぐっている。

たとえば、いまから誘って誰が来られるかとか、誰と一緒なら楽しいかとか、そのメンバーなら少し奮発してもおいしいフレンチがいいとか、最近オープンした人気の和食店もいいといった、自分の中にあるさまざまな情報をかき集め、それを選択し、重み付けなどの価値を付与して、私たちは最終的に決定する。

このように無意識に行っている行動の選択（判断）は、最後はインテリジェンスに昇華された情報（知見）によって決定されている。

だから国家の安全保障や政治の領域では、インテリジェンスは諜報活動の意味で用いられる。それは、国家の安全保障のためにどんな対応を取ったらよいかという最終判断を行ううえでの最も重要な情報（知見）だからだ。

しかし一般的には、データの重要性ばかりがいわれている。データを握る者がビジネスを制するという話も最近よく耳にする。たとえばインターネットでの購買履歴を集めて分析し、消費者の嗜好性や売れ筋商品などがわかれば、商品開発やマーケティングに活用できる。確かにその通りだが、どうしてデータが重要なのか、その本質は当たり前のようでいて、実はなかなかわからない。

データという言葉の語源は、ラテン語、イタリア語で「与える」という意味のダーレ(Dare)から来ているとされる。データは「与える」というよりも、「感知できる」ものと定義すればわかりやすい。この世の中で起こる自然現象や社会現象はさまざまな様相を呈するが、それは刻一刻移り過ぎ、消え去っていく。それを何らかの方法で「感知できる」形で記録すると、時空を超えてその現象を認識できる。

たとえばダーレという言葉が生まれたのは地中海沿岸とされるが、近年になって、その地中海はいまから500万～600万年前には干上がっていたことが判明した。日本海の約3倍の面積を持ち、平均深度1500メートルにも及ぶ広大な海が、わずか500万年前には陸地になっていたというのである。

これがなぜわかったかというと、「地層」というデータを分析した結果だ。バルセロナ沖3000メートルの深海の底を掘削したところ、ちょうどその年代の地層から地中海が干上がっていたことを示す堆積物、蒸発岩類が発見されたのだ。

蒸発岩類ができた時期と、その成分、堆積した厚さ（最大1キロメートル）を分析すると、500万～600万年前には地中海は干上がっていたと推測された。地層と蒸発岩というデータ（感知できるもの）を分析し、意味あるものへと昇華させたことで、地中海が蒸発していたという事実（情報）を得ることができたのである。

データは「感知できる」ものなので、何も地層や化石といった考古学者が扱うものばかりではない。歴史的に見れば、1万年以上前、世界各地の洞窟の壁に人類が描いた狩りの様子などは当時の状況をよく伝えてくれる。地層や化石などの自然現象を表すものを別にすれば、初めはすべて人間が目で見て、耳で聞いたことを表したものだ。さらに時代が下がると、人類が獲得した文字を石板や竹簡、羊皮紙やパピルス、和紙などに記すようになる。さらに活版印刷機が発明されると、その伝搬スピードは飛躍的なものとなった。最近ではここにITのパワーが入ってきた。2000年頃から、写真やテレビなどデータとしての記録形態が、いわゆる「アナログ」から「デジタル」に急速に変わった。その結果、自然現象も社会現象も膨大なデータで表されるようになった。いわゆるビッグデータの到来である。

このエクスポネンシャルに増え続けるビッグデータをさまざまな分野でインテリジェンスにまで昇華させることができれば、これまで考えられもしなかったビジネスを生むことが予想される。だからこそデータが重要なのである。

情報の3階層をより深く理解していただくために、皆さんよくご存じの「桶狭間の戦い」で説明してみたい。たった2000程度の兵で織田信長軍が、2万5000ともいわれる今川義元軍を破ったのは織田信長しか持っていないインテリジェンスがあったからだ。

信長は、天候や地理条件、今川の軍勢や正確な位置など、この戦に関連するさまざまなデータ(事実)を徹底的に集めていた。その収集のためには、優秀な斥候部隊や農民との信頼関係など、さまざまな要素が必要だったのは言うまでもない。

そして、それらの中から、「今川軍の主力は丸根砦や岩根砦を攻撃しており、桶狭間にいる義元の本陣の軍勢はせいぜい4000〜5000程度である」というインフォメーション（情報）をつかんだ。

その結果、信長が下した決断は「出陣」だった。実はこの決断、戦いの常識から導き出した軍師や知将たちの進言とは異なるという。これまでの戦の経験、そして彼自身の信念や気性が、「2倍程度の敵軍なら、戦い方次第で勝利はありうる」と判断させたのだ。つまり、斥候たちが集めたインフォメーションを、信長流に、意思決定に必要なインテリジェンスにまでに昇華させたのである。

ここで重要なのは、信長でなかったら、このような判断はしなかったかもしれないということだ。つまり、インフォメーションは同じでも、選択される行動は、それがどんなインテリジェンスに昇華されるかによって異なるということだ。

信長は進軍を開始し、視界を妨げるほどの豪雨が降った直後に、一気に義元の本陣のある桶狭間を攻め、勝利を収めた。ただし、その勝利は奇襲によるものや、たまたま織田軍が強かったなどという偶然によるものではなく、情報の収集・管理・分析と、これをもとにした情報の昇華が生んだ意思決定のなせる業だったのだ。

ここで、情報の3階層に不可欠な「フィルター」の存在についても紹介しておきたい。「フィルター」とは、「データ」「インフォメーション」「インテリジェンス」の各層から、一つ上の層に昇華させるための仕掛け（通路）と考えていただきたい。

まず、データをインフォメーションに引き上げるには、さまざまあるデータを選別し、できれば精度が高く新鮮なデータ、あるいはより真実を表すデータを集めるフィルターが必要となる。

信長の時代には優秀な斥候部隊や農民からの通報、あるいは調略により味方につけた敵方の武将がそれに当たるだろうが、現代であれば新聞、テレビなどのマスメディアや業界ごとの調査レポートはもちろん、フェイスブックやインスタグラムなどのＳＮＳ、企業活動で得られた顧客情報のログ（記録）などがそれに当たる。

最近では、各種のセンサーが発する膨大なデータを収集するＩｏＴなども、フィルターとなる。このビッグデータ時代にふさわしいフィルターをどのように制御するかが、今後の情報戦を制するカギとなるだろう。

さらに、インフォメーションをインテリジェンスに引き上げるフィルターも、その重要性を増している。信長の場合は、得られたインフォメーションをインテリジェンスに引き上げたフィルターは、自身の経験、信念、気性という、まさに人間そのものの判断力、知性であり、これはつい最近までほとんど変わらない。

しかし、これまで人間しかできないと考えられていたこれらの価値観の付与が、AIのパワーを使うことによりかなり実現できるようになってきた。これからの社会を大きく変える原動力になると考えられる。

ディープラーニングなどの最新技術でなく、統計学的手法やルールベースの簡単なAIでも、インフォメーションからインテリジェンスへのフィルターとして大きなパワーを発揮し始めた。RPA（ロボティクス・プロセス・オートメーション）は2017年頃から普及し始めたが、それほど高度なAIというわけではない。しかし、導入の結果、それまで人間しかできなかった数多くの業務処理が自動的に処理されるようになっている。

このようにAIが、人間に代わってインテリジェンスへ昇華させるフィルターとして大きなパワーを発揮するようになると、歴史的に初めての様相が表れてくる。つまり、データ、インフォメーション、インテリジェンスと自動的に情報を昇華するようになれば、人間が介在せずにそのまま行動に移すことができる。これを自律的と呼ぶが、すでに現実に多く存在している。

たとえば証券取引の世界では、かなり前からアルゴリズムトレードと呼ぶ自動取引が動いている。多くの証券会社や一部の専門家などが作成するプログラムで、ＡＩの技術なども取り入れられている。取引所のシステムはもはや完全にコンピュータを接続した自動取引に移行しており、しかも、人間では太刀打ちできないスピードで処理を行っている。

自動運転車もそうだ。自動車の位置情報をＧＰＳで把握し、いくつも装備したカメラなどで周囲の状況を判断し、アクセルを踏むか、ブレーキをかけるか、ハンドル操作をするか、あらかじめ決められたロジックで判断し、実際そのような行動を取っている。

現時点で、実用化されているのはドライバーの着席操作を義務付けたものだが、２０２０年頃には完全に人間が不要な「レベル４」と呼ばれる世界が実現しようとしている。これらはみな、情報の３階層で言えばインテリジェンスまで自動的に情報が昇華し、自律的に行動を行うシステムである。

フィルターの役割を担うＡＩは、むろん万能ではない。自律的に動いていく世界になると、ＡＩはＡＩ同士でもコミュニケーションし、人間の判断が及ばないところで世界が動いていくことになる。したがって、ＡＩの開発や利用に当たっても、ロボット３原則のように倫理的なガイドラインを設定し、将来の社会に禍根を残さないようにという議論が世界中で起こっている。

ＡＩは人間を超えられるかというような議論もあるが、先にシンギュラリティで説明したように、より重要なのは、ＡＩと人間のコラボレーションをどう図っていくかということだろう。

不確実性の高い現在、世界中で玉石混交の情報が飛び交っている。それらをどう集め、どう精査し、どう見るか。そこには、ＡＩに置き換えることのできない、人間の経験や知性が問われる。人間が情報の３階層を操る価値が失われることはない。

インフォメーションからインテリジェンスへ

行動決定の最終判断の源となるインテリジェンスは、各々の経験や信条、倫理観など価値観の付与によって決まるため、流動的でもある。当社の事例を一つご紹介しよう。

先述したように、ＮＴＴデータではここ十数年、グローバル化に取り組んでいる。製造業ではなくＩＴサービス業であるという特性もあり、その方法論はＭ＆Ａしかなかった。グローバル化に取り組み始めた２００６年頃、ＳＡＰという業務用パッケージの導入を得意とするドイツのアイテリジェンスという企業を買収するかどうかが議論された。

まず、相手企業の状況をよく調査した。先方の経営者との時間をかけた面談、当社ビジネスとのシナジー効果や想定されるリスクの検討、会計士や弁護士も参加しての法務面・財務面でのデューディリジェンスなどを綿密に行い、相手企業がどんな会社なのかといった情報（インフォメーション）を山ほど集めた。それをもとに検討した結果、経営会議付議となったが、判断は割れた、

社長了解案件だからといってすんなりとイエスの判断にならない辺りがいかにもNTTデータらしく、誇るべき社風だと思うが、ここで注目してほしいのは経営会議メンバーの判断がなぜ割れたのかである。

それは、メンバーが持つM&Aを判断するうえでのインテリジェンスがそれぞれ違ったからだ。同じ財務インフォメーションを目にしていても、あるメンバーにとっては財務リスクが大きいと映るし、別のメンバーには受容可能なものにとらえられる。

そうした大企業を買収し、それをNTTデータが経営できるかという、当社のグローバルビジネスについての力量評価も人によって違う。さらには、リスクの大きさに比べて買収金額が高すぎるのではと考える人もいる。

同じインフォメーションを与えられたにもかかわらず、メンバーの過去の経験やリスク

に関する感度など、さまざまな違いからインテリジェンスが異なり、この時には否定的な見解が多数を占めた。

つまり、インテリジェンスを使って仕事をするということは、「自分の考えを持つ」ということにほかならない。自分で情報を集め、分析し、それを自分のこれまでの経験や倫理観や信条などの価値観を付与して判断基準にする。これがインテリジェンスを操って自分の仕事をするということなのである。

結局その時は買収を見送り、1年後に再び同じ会社のM&Aの検討が役員会に諮られた。その1年間でNTTデータの財務状況も変わり、グローバルビジネスへの準備も進んだ背景もあり、今度はM&A提案は可決された。こうして翌2008年、アイテリジェンスはNTTデータグループの一員に加わることとなった。

近未来を見通して、備える

私たちNTTデータグループがこの激動の時代をどのようにとらえているのか、それをここで紹介しよう。当社やクライアント企業がいまどのような時代にいるのかを認識するための手助けとして、「ＮＴＴデータ テクノロジーフォーサイト」(NTT DATA Technology Foresight) と題し、毎年「情報社会トレンド」「技術トレンド」という2分野で近未来予測を発表している。

どうしてこのような取り組みを始めたのかを説明しよう。前述したように、私は30年ほど前に初めてシリコンバレーを訪れて大きな衝撃を受けてから、毎年足を運んで、多くのＩＴベンダー、そして最近ではベンチャー企業などを訪問して、さまざまな情報交換をしている。

その中で、ＩＴ業界最大の雄であるＩＢＭの訪問も年中行事となった。ビジネスでも深いリレーションがあり、尊敬している企業の一社でもある。そのＩＢＭは毎年ＧＴＯ（グローバル・テクノロジー・アウトルック）という取り組みを継続していた。社会を変革する最新のテクノロジーを紹介するもので、私にとっても、このテクノロジーの変遷をチェックすることが毎年の楽しみの一つとなっていた。

一方、50年にわたる当社の歴史においても、いくつものイノベーティブなサービスを生み出している。これらのサービスがどのようにして生み出されたかを調べてみると、そこ

技術トレンド Technology Trend

1 人工頭脳の浸透

AIを応用する能力こそが 競争力の源泉となる。AIはあらゆる場面に浸透し、我々の生活やビジネスにさらなる恩恵をもたらす。

2 協調志向オートメーション

人手を介さない完全な自動化の実現はまだ遠く、当面は人とコンピュータが作業を協調しつつ分担する時代が続く。

3 超融合インタフェース

さらなるデバイスの進化 により、人間感覚の再現と行動を感知できる環境が実現される。

4 持続可能なデータ活用

データ、AIの信頼性を確保することが、データ活用の持続性を高め、社会の発展と価値創造をもたらしていく。

5 生命課題への挑戦

高精度な生体情報を容易に取得可能なデバイスの発展は、医療・ヘルスケアのあり方を変える。

6 サイバーインテリジェンスの結集

サイバー攻撃の脅威や脆弱性情報、技術の活用方法等のインテリジェンスを広く集積し、攻撃に対する防御の仕組みとして機能させることが求められる。

7 ITインフラの多様な進化

AIやIoTの普及がビジネスそのもののあり方に影響を与え続け、ITインフラを多様に進化させる。

8 イノベーションデザイン

顧客視点のデザインがビジネスアイデアとそれを具現化する ITによって継続的に価値を生み出すプロセスを形成し、それがイノベーションの核となる。

出所:NTTデータ「Technology Foresight 2018」

図表3 NTTデータが予測する未来の形

情報社会トレンド Information Society Trend

1 個の影響力拡大が社会の変革を促進する

個が中心の社会が、既存の仕組みの変革を促している。発想力、発言力、行動力を得た自由な個が社会の枠組みを刺激し、選択肢の拡大、柔軟性の高い社会への転換を促す。

2 オープンな連携が新たな社会の仕組みを生み出す

種々の仕組みがインターネット化され、イノベーションが起こる。中央集権による管理型から分散型のフラットな仕組みへ転換し、各要素が自律的に行動し、関係が動的に変化する新たなエコシステムが構築される。

3 情報の持つ価値の活用がビジネス再構築を加速する

情報が経済の循環を支える活力の源泉となり、分析と活用の高度化から新たな価値が生み出される。デジタル・ディスラプションが産業の枠組みや競争ルールの転換をもたらし、ビジネスモデルの再構築を促進する。

4 フィジカルとデジタルの融合が意識や行動を変化させる

フィジカルとデジタルの境界が意識されなくなる。社会生活のあらゆる場面にAIが入り込み、人々の考え方、行動、人間関係等に影響を与える。規範や制度等は見直しが促される。

には必ず、お客様のアイデア（欲求）と当社が提供できた新しい技術の結合があった。

従来は、当社の研究開発はお客様からの依頼に基づく研究か、当社の新しいサービスを生み出す研究であり、その内容は当然のことながら社外秘であった。しかし、変化の激しい今日、イノベーティブなサービスを生み出していくためには、お客様が本質的に持っているアイデア（欲求）と新技術を結び付けなくてはならないと考えた。

ＩＢＭのＧＴＯにもヒントを得て、当社の持つ近未来の技術予測を広くお客様にオープンにし、その中からお客様が、「これまで実現できなかったことや諦めていたことも、新技術では実現できるかもしれない」という期待を生む場をつくろうと思った。それが「ＮＴＴデータ・テクノロジー・フォーサイト」である。

私が社長に就任した２０１２年にスタートして以来、毎年更新しており、お客様向けのセミナーや実証実験と連動させるなど年々活発になっていて、ここ２、３年は海外でも同種のイベントを積極的に行っている。

この２０１８年版の「情報社会トレンド」では、さまざまなインフォメーションに分析を加えた結果、近未来の社会を動かす大きな潮流は４つあるとした。

1つ目は、「個の影響力拡大が社会の変革を促進する」というもの。ソーシャルメディアが発達したことで、現代は「個人がかつてなく社会に対して強い影響力を発揮できる時代」になっている。2010年代初めに起きたアラブの春と呼ばれる民主化運動は、ソーシャルメディアの影響力を象徴する出来事だった。多くの人がSNSを通じて、世界で起きているニュースをいち早く知ることができるようになったり、モノやサービスを共有するシェアリングエコノミーを利用できるようになるなど、見知らぬ者同士が結び付くことで世の中が変わり始めている。

こうした個がリードする社会の訪れは、企業と個人の間のパワーバランスに変化が起きたことを意味している。その結果、メーカーや小売業にとってはオンデマンドやパーソナライズというキーワードに対する投資が必要とされるだろうし、広告宣伝やIRにおいてもこれまで以上に、プラットフォームとしてのソーシャルを強く意識した行動が重要とされる時代が到来している。

2つ目に、「オープンな連携が新たな社会の仕組みを生み出す」というものが挙げられる。モノのインターネット化（IoT）が拡大するということは、私たちの社会のインターネット化が〝次の段階〟に入ることを意味する。新しいレベルのインターネット社会では多様な情報が共有され、企業や個人がオープンに連携することで進化していく。そして、その連携が新しいイノベーションを生み出すカギを握るようになる。

たとえば、フィンテックに対する投資は世界的に旺盛だ。仮想通貨の世界で発明された、中央集権的な管理者を持たないブロックチェーン技術だが、これからさまざまな分野の仕組みにこの技術が応用されるようになる。分散したたくさんの参加者が持つ情報が連携することで、世の中の信頼が担保されるという新しい社会の仕組みがつくられていくだろう。

3つ目は、「情報の持つ価値の活用がビジネス再構築を加速する」というものだ。巨大なデータを扱い、そこにフィルターをかけながらインフォメーション、さらにはインテリジェンスへと加工していくという膨大な情報処理の一端が、これまで以上に安価なコストで実現できる世の中になる。そうなるとデータエコノミー時代が本格的に到来する。

この新しいデータエコノミーにおいては、ネットワーク効果が強く働くことから、データを多く集積する巨大プラットフォーマーの影響力がいまよりもさらに強力になる。そして、その新しい情報の出現がさまざまな業種でビジネスモデルの再構築を促すことになるだろう。

たとえばヘルスケアの業界では、データ解析が予防医療から遺伝子医療までさまざまな局面で活用されるようになる。そして、データを背景にした企業連携や業界再編も、いままで以上に頻繁に起きるようになる。

自動車業界では、近未来に自動運転やＥＶシフトという技術変化が起きることが前提となっている。それと同時に、ＩｏＴやコネクテッドカーのようなコンセプトによって、自動車の情報自体が巨大なデータとなる。その結果、自動車の価値そのものが見直されることになるだろう。自動車はこれまでのように「販売され移動に利用される」だけのものから、「利用され走行することで新たな価値を生む」ものへと進化する。そうなれば自動車メーカーのビジネスモデル自体も、大きく変わらざるをえなくなるはずだ。

４つ目に、「フィジカルとデジタルの融合が意識や行動を変化させる」と私たちはとらえている。フィジカルとは、すなわち実際に触れることができる、物質的なものである。いま中国では、世界のどこよりもキャッシュレス化が進んでいる。現金を持ち歩いているのは海外から出張でやってきた外国人ビジネスマンくらい、というのが中国の街角での実情だ。

お金というフィジカルな存在が、日常的に電子決済・電子マネーという形でデジタルなものへと変容し、そのことで私たちの日常行動や意識も変化するようになる。また、ＡＩ

の進化スピードも速い。音声認識能力の進化が進むことで、ＡＩによる対面コミュニケーションのデジタル化はこの数年で大きく進むことになるだろう。

そうなると対面サービスというフィジカルな仕事の多くが、デジタルへと自然に置き換わるようになる。私たちはこれまで、話をする相手は人間であるという意識の中で行動してきた。しかし、これから先のわずかな期間のうちに、私たちはスマートスピーカーに話しかけたり、デジタルオペレーターと会話をしたりすることにすっかり慣れてしまうようになるはずだ。ＡＩと人間が自然に共生する世の中が到来し、それが人間の社会のあり方を大きく変えることになる。

もちろんここで紹介したようなインテリジェンスにも、不確定性と期限がある。技術的なブレークスルー、これまでになかった社会意識の変化、新たな政治的枠組みなど、一つの前提条件が変わるだけで、世界はめまぐるしく変化をしていくだろう。

しかし、そうした混迷の時代だからこそ、変化を感じ、変化を見極める視点を常に持ち続けることが欠かせない。そのことが、未来に備える力となる。

まとめ：「岩本流」変化との向き合い方

めまぐるしい変化の時代は、受け身だけではとうていしのぐことができない時代だ。その半面、「自分のために働く」という視点でとらえると、これほど働きがいのある時代はないともいえる。何しろ、個の影響力で世の中を変えられる時代など、これまでの歴史ではありえなかった。そして社会自体もまた、個人や小さな組織に対してオープンな連携を望んでいる。歴史の視点で見れば、現代は個人がかつてない力を発揮できる時代なのだ。

さらに、情報の3階層を操ることができれば、その情報の持つ価値が、ビジネスにおける強い武器になる。ＡＩをはじめとするデジタル・テクノロジーが、それを強く後押ししてくれる。

フェイスブックを創業したマーク・ザッカーバーグや、ペイパルを創業し、いまや宇宙ビジネスも手掛けるイーロン・マスク。こういった新世代の経営者たちは、20代の頃から時代を変える仕事を経験している。日本でも若手のベンチャー企業経営者が続々と出現し、活躍している。若い力、個人の力がここまで大きく、速く、世の中を変えられる時代が来ているのだ。

そう考えると、エクスポネンシャルな技術進化と異次元のグローバル化という2つの波はけっして大きな障壁などではなく、むしろ個人が時代に乗るためにやってきた絶好の機会であることがわかる。

これからの時代は、一人ひとりがそのような気概を持って「自分のために働く」ことができる大舞台だと私はとらえている。

「変化を感じる」ここがポイント！

「常識や直感を疑い、目の前の現実から先を見通せば、破壊的変化も追い風となる。」

第2章

自分と向き合う

自分を信じる方法

「自分のために働く」に不可欠な4つのアプローチ

人間が働くことの意味や、仕事を通じて生み出すべき価値が、根本から変わりつつあることが、ここまで読んでおわかりいただけただろう。経済的に豊かになるため、偉くなるため、誰かに評価されるために仕事をする。そうした働き方を否定するつもりはいっさいないが、そうした動機だけでこの困難な時代に向き合おうとするなら、その足取りははなはだ心もとないものになるはずだ。

ベストセラーとなった『ワーク・シフト』(プレジデント社)の著者リンダ・グラットンは、2016年に発表した『ライフ・シフト』(東洋経済新報社)において、長寿化の進行によって近い将来、70代はもちろん、80代まで働くのが当たり前になると述べている。成人してから、健康が続く限り、50年も60年も働くのであれば、「働くこと」と「生きること」はほとんど同義となる。お金や出世のためだけに働くのでは、何のために生まれてきたのかわからない。

もちろん20代、30代と同じ仕事はできない。自分自身も変わるし、何より環境が激変する。一つの仕事や、それに必要とされる知識やスキルが、50年もの間、変わらぬ価値を持ち続けることは、この先ますます少なくなるはずだ。だから人は生涯「変身」し続ける必要がある。それがグラットンの主張だ。

ただし「変身」は、それまでの自分を失うことではない。むしろ、仕事や友人、家族との関係などが変化する中にあって、自分自身のアイデンティティを主体的に確立する必要性はさらに増すとも述べている。つまり、「自分は何者か」がますます問われるようになるということだろう。

グラットンにもろ手を上げて賛成するわけではないが、働くこと、すなわち生きることを考えると、最後は自分にたどりつくという点は、私の考えとまったく同じだ。自分の軸をゆるがせにしない働き方に、いまこそ私たちは向き合わなければならない。

では、どうすれば「自分のために働く」という高い山に登ることができるのか。私は、「自分」「組織」「顧客」「時代」の4つと対峙する必要があると考えている。どれも私自身が実践してきたことだが、その時はただ夢中で向き合ったにすぎない。いや、向き合わざるをえなかった、と言うほうが正しいだろう。ただ、その過程で私は、自分がどういう人間なのか理解を深め、働くことの手応えを確かなものにしてきた。

人は案外、自分というものを知らない。初めて録音した自分の声を聞いた時、びっくりした経験はないだろうか。自分の体を通して聞こえる音と、他人が聞いている自分の声は違う。

姿形も同じだ。身支度をする時に鏡に映った自分をイメージしていると、電車の窓やショーウインドーに映り込んだ自分の姿にがっかりさせられる。うっかりすると背中が丸まり、表情もさえない。朝、家を出る時にはもっとはつらつとしていたはずなのだが、それは意識して鏡に向かっているせいで、本来の自分は、街中でうっかり映り込んだ姿に近い。

ことほどさように、私たちは本当の自分を知らない。

まずは「自分」がどういう人間なのかを欲目なく見つめて、深く、深く掘り下げなければならない。すべての起点はそこにある。そのうえで「組織」の中での自分、「顧客」と相対した時の自分を知る。おそらくそこには、理想とはほど遠い矛盾だらけの自分が映っているはずだ。それでも目を背けずに、自分らしくあることを諦めず、周囲と向き合い続けることが重要となる。

一方で、いまという時代を「多角的に」とらえることも、みずからの立ち位置を理解し、先を見通すうえで欠かせない。

ちなみに私は、社会に出て以来、技術者として歩んできた。その根っこは管理職や経営者になってからも変わらず、技術を通して世の中をとらえ、時代を認識してきた。何も最先端を追うばかりが能ではない。10年、20年、時には100年前までを視野に入れて、技術進化の潮流をとらえる。

そしてそこにもう一つ、別の視点を加えてみる。私の場合は、それが歴史の視点だ。学生の頃から好きだったこともあり、歴史研究家による文献から時代小説に至るまで、時間の許す限り多くの本を手に取ってきたことで、歴史の視点が身についたようだ。その結果、平面的だった時代認識が立体的になり、いま目の前で起こっていることの意味や、将来どんな変化が起こりそうかといったことが何となく見えてくるようになった。

もちろん、この時代のとらえ方は大ざっぱでかまわない。精緻な未来予測をするのが目的ではなく、一瞬も流れを止めない時間の流れの中で、自分が何をすべきか、どこに向かうべきかを知ることが目的だからだ。

私の場合は技術と歴史だったが、時代を知るための多角的な視点は人それぞれだろう。たとえば、哲学、美術、政治、天文学、地学……といった、いわゆる「リベラルアーツ」も有効だ。できれば、哲学と天文学、政治と地学といったように、アート系とサイエンス系をかけ合わせるのもよいかもしれない。

ちなみに文系、理系という分け方は、日本独自のものとされる。欧米の大学では一般的に、美術や音楽はもちろん、歴史や文学、経済学などの人間がつくったものは「アート」であり、生物学や物理学など人の手が加わっていないものが「サイエンス」だと分類される。なかには、純粋数学はアート、応用数学はサイエンスと分かれるケースもあって、実に複雑だ。

人間の手による「アート」と、神がつくった「サイエンス」をかけ合わせると、たとえば一つの事柄が、ある意味ではプラス、別の意味ではマイナスに作用することが見えてきたりする。すると、世間一般でいわれているような表層的な議論に囚われず、自分なりに時代をとらえられるようになる。リベラルアーツはもともと、人が何ものにも隷属せず、自由（リベラル）であるために学ぶ知識や技能を指す言葉だったのだ。

みんながそう言っているから、うちの会社ではそうすることになっている——といった常識や思い込みからみずからを解き放ち、自由な精神をもって時代に向き合うことができれば、「自分のために働く」というゴールに一歩近づくことになる。

「四方よし」の時代

向き合うべき4つの対象のうち、「自分」以外の、「組織」「顧客」「時代」の3つは、言うならば、自分を取り巻くステークホルダーである。「利害関係者」という日本語訳からは直截的な印象を受けるが、必ずしも利益と損害に囚われる必要はない。自分を取り巻く環境と考えてみてほしい。

企業はいま、ステークホルダーとのコミュニケーションを、かつてないほど密に取ることが求められている。たとえば私も経営者になってからは、国内外の機関投資家と対話を重ねてきた。

それは重要なステークホルダーの一つである投資家との信頼関係を築き、企業として成長を果たすために欠かせない仕事だったが、同時に投資家から受ける質問や、その回答に対する相手の反応を通して、ＮＴＴデータという会社が世の中でどう見られているのか、何を期待されているのかを知る絶好の機会でもあった。

投資家を例に挙げたが、顧客や取引事業者、地域住民、そして社員などと向き合うことでも同じ効果が得られる。同じように私たち個人も、ステークホルダーと向き合うことで本当の自分を知ることができる。それもただ対峙するのではなく、思い切って自分という人間をぶつけてみることだ。

組織にも顧客にもそれぞれの意見や立場があるので対立することもあるし、かすり傷の一つや二つは覚悟しなければならない。時代の激流に足をすくわれそうになることもあるだろう。だが、そうしたぶつかり合いが真摯なものならば、その成果は大きい。

近江商人が伝えた「三方よし」という言葉をご存じだろうか。江戸時代から伝わる日本の商いの精神である。

江戸期から明治期に活躍した近江商人は、近江の国（現在の滋賀県）を拠点に、果敢に他国に赴いては行商した。南は遠く安南（ベトナム）、北は蝦夷（北海道）まで出向いた者もいたというから、驚くべきフロンティアスピリットである。

とはいえ当時、よそ者に対する地域社会のガードは固く、近江商人たちが信用を獲得するのは生半可なことではなかった。そこで彼らが重んじたのが、三方よしの知恵だった。売り先の利益を第一に重んじ、その地域に貢献することこそ信頼の基礎であり、商いの道と思い定めたのだ。

三方よしの教えを最初に書き記したのは、近江の麻布商の中村治兵衛宗岸とされる。彼が孫に残した書き置きの中には、「他国へ行商するも総《すべ》てわが事のみと思わず、其《そ》の国いっさいの人を大切にして、私利をむさぼること勿《なか》れ」と書かれていたという。いっさいの人、つまり得意先のみならず世の中の人すべてを大切にし、自己の利益のみを追求するな、という意味である。

「買い手よし」「売り手よし」、そして「世間よし」。そこまで徹底して初めて、プロの商人として信頼を勝ち取ることができるという彼の哲学は後世に伝わり、近江商人の繁栄に結び付いた。豪商として名をとどろかせた者も多く、後世の伊藤忠商事、武田薬品工業、大丸なども、近江商人の末裔として知られている。


この三方よしの精神は、世界でも高く評価されているが、ここに私は「自分」を加えたい。買い手よし、売り手よし、世間よし、そして自分よしの、「四方よし」である。

売り手と自分は同じなのではないか、と思われるかもしれない。しかし、組織に属していれば、売り手すなわち会社と、自分はイコールとはならない。顧客に喜ばれ、会社に利益が計上され、社会に価値をもたらす仕事でも、自分としては腹落ちしないということもあるだろう。
好き嫌いや、社内の評価につながるかどうかといったことを言っているわけではない。自分なりのやり方や信念を通せば、もっとよい仕事につながるに違いない——その確信があっても、組織の一員である以上、それを曲げなければならない場面は少なからずある。それはつまり、「自分よし」ではないということだ。

現実にはそう都合よく、四方よしとならないことは、私も重々承知している。しかし、初めから「無理だ」と決め付けないでほしい。粘り強く顧客と組織、そして自分に向き合えば、意見や立場の違いを超えて折り合える点が必ず見つかる。妥協ではなく、関係者の利益(経済的な利益に限らない)が最大化する、「ここしかない」という点だ。

その一点を見つける努力を続けていけば、あなたは会社のためでも、お金のためでもなく、自分のために働くことができる。

では、「自分」「組織」「顧客」「時代」と、どのように向き合えばいいのか。それをこれから伝えたいと思う。セオリーのようなものがあるわけではないが、私の経験、言ってみれば「ぶつかり稽古」を重ねてつかんだ成果が、皆さんのヒントになることを願いながら。

「イノベーションのジレンマ」を打ち破る

まずこの第2章では、すべての起点となる「自分」との向き合い方を考えたい。

「イノベーションのジレンマ」という言葉をご存じだろうか。ハーバード・ビジネス・スクールのクレイトン・クリステンセン教授が提唱した概念で、イノベーションを達成したリーダー企業が、やがてその技術やサービスに縛られ、新しい時代に対応できなくなる状態を指す。

どんなにイノベーティブなものも、永続的にもてはやされることなどありえない。時代が変われば、他社の新たなイノベーションによって取って代わられてしまうことを、いくつもの歴史が証明している。

「それならば、負けないように常に新しいものを生み出せばいいのではないか」と思う人も多いだろう。しかしこれが、そう簡単ではなない。いや、むしろ顧客の要求に応えて既存の技術やサービスを改良しようとすればするほど、リーダー企業はみずからの身を危険にさらすことになる。なぜならば、これまでの延長線上では、まったく新しい市場を創造したり、ゲームのルールを変えたりするような、破壊的な技術やサービスを生み出すことはできないからだ。

そうした破壊的な技術やサービスは、往々にして低性能、低価格という特徴を持ち、突如市場に現れる。そして、リーダー企業とその顧客がまだ見向きもしないうちに進歩のスピードを速め、そしてある時、顧客が要求する性能を上回って一気に市場の中心に躍り出る。こうなってからでは、いくらリーダー企業が追い付こうとしても、時すでに遅し。業界の競争構造は、すでに完全に書き換えられてしまっている。

これが数多くのリーダー企業を悩ませてきた「過去の成功体験が足かせになり、新たな成長を阻む」というジレンマである。

ジレンマが見られるのは、個人も同じだ。たとえば当社でも、サブリーダークラス（一般的に言えば係長か課長代理に相当する）になると、営業部門であれば対応するお客様の数もそれなりに増える。また、開発部門であれば、管理するプロジェクト要員が数十人規模になることも珍しくない。いろいろな立場の人の多様な意見を取りまとめるのは、なかなか神経をすり減らす仕事である。

また、大きなシステム開発では、完成までに数年を要することもある。その間、進捗を妨げる想定外の出来事も何度か起こる。一度確定したはずの仕様が変更になったり、代わりの利かないキーマンが病気で戦線離脱を余儀なくされたり。あるいは、当初の見積もりが甘く、コスト増に対応せざるをえなくなることも珍しくない。

いずれも、入社して10年前後の社員が直面しやすい、これまでに経験したことがない壁である。

「担当業務が限られていた若い頃は、その仕事に自分が全力で取り組めば何とかなったし、うまくいかなくても誰かが助けてくれた。だが、いまの悩みは違う。扱う範囲が広がり、求められる課題解決のレベルも高まっている」

「以前と比べて、自分の仕事がプロジェクト全体に与える影響が大きくなった。お客様の信頼を損なわないか、コストは増大しないか、気になることがいくつもある」

「会社のメカニズムや人間関係は把握しているし、自分の技術力やお客様との折衝力にも、そこそこ自信がある。それでも最近初めて直面する出来事が多く、不安が募っている」

「同期に後れを取っていないか、先輩が自分くらいの年齢の時、どんな経験を積んでいたのか、人との違いが気になって仕方がない。上司に相談しても納得できる答えが見つからない」

仕事の経験をある程度積み重ねてきた人であれば、いずれも身に覚えのある悩みではないだろうか。例えて言えば、若さに任せて駆け上がっていたゆるい坂道が、ある時、急な石段道に変わるようなものだろう。

小さいとはいえチームのリーダーになれば、チーム全員の意向を把握し、進むべき進路を決定しなければならない。その責任の重さと、判断が正しいだろうかという不安が、「よりよい仕事がしたい」「もっと成長したい」という思いを止め、上に登る歩みができなくなってしまう人が、実は多いのではないか。

それはすなわち、本当の意味で「自分のために働く」ことを投げ出してしまう、ということでもある。

成長のエンジンは自分自身という事実

ジレンマに陥ったまま諦めて、自分を手放してしまうのか、それとも周囲の騒々しさに惑わされることなく、信じる道を進んでいくのか。これは大きな岐路である。

前者を選べば、ずいぶんと楽になるに違いない。時流に乗って軽々と世の中を渡っていくこともできるだろう。でもそれは、結局のところ借り物の人生であり、働き方なので、早晩息苦しさを感じるようになる。自分でない誰かを演じているにすぎないからだ。

一方、後者を選べば厳しい道が待っていることは確かだ。しかし、それは紛れもなく自分だけの道程で、誰に合わせているのでもない自分だけの働き方であり、生き方である。

自分を信じて進みたいならば、まずはジレンマを乗り越えなければならない。そのための成長エンジンは、ほかでもない自分自身の中にある。


アメリカの心理学者であるアブラハム・マズローは、自己実現のモデルを、次の5つの欲求階層で説明した。有名な「マズローの欲求5段階説」である。

①生理的欲求：衣食住が満たされることに対する欲求
②安全欲求：外敵や災害から身を守り、安全を確保したいという欲求
③社会的欲求（帰属欲求）：他者から受け入れられたいという欲求
④尊厳欲求（承認欲求）：他者から尊敬されたいという欲求
⑤自己実現欲求：自己の存在意義を実現する欲求

この5段階欲求は、ピラミッドのように下から上に積み上げられ、一つの欲求がある程

図表4　マズローの欲求5段階説

度満たされると、さらにその上の欲求に移っていく。

下の2つの「生理的欲求」と「安全欲求」は、文字通り、人間として生きるための最低限の欲求で、恐怖や飢餓などの直接的な脅威が成長エンジンの役割を果たす。

3つ目の「社会的欲求」は、企業や家族などの集団に所属して、そこで必要とされたいという欲求で、職場であれば一人前として認められたいといった思いがこれに当たる。ここでは、他者の評価が成長エンジンとなる。

4つ目の「尊厳欲求」は、第三者から認められたい、尊敬されたいというもので、一見するとこれも他者に成長エンジンがあるように思える。しかしその裏には、自分を革新したいという意識と行動があるので、ここまで来ると自分自身が成長エンジンになる。

一番上の「自己実現欲求」については、言うまでもなく「自分自身」が成長の原動力になる。


すでに述べたように、私たちは大きな変化のうねりのただ中を生きている。今日の広く浸透している社会システムや先進技術は、明日とは言わずとも、来年にはもう陳腐化しているかもしれない。そうなれば世の中の価値観や自分に対する評価、それに伴う社会的地位もいずれ変わってくるだろう。他者の目や勝ち負けに囚われた働き方では、こうした変化に対応することはできない。

一方、何かを成し遂げたい、突き詰めたいという自分の中から湧き出る欲求は、どれだけ周囲が変化しても、自分さえ変わらなければ見失うことも尽きることもない。

食べていくためでも、他者からの評価を得るためでもなく、自分の中から湧き出る欲求に素直に耳を傾け、自分を信じ、「自分のために働く」ことができるか――。豊かな成熟時代を生きる私たちにいま、それが問われている。

こだわりが問われている

トップアスリートはしばしば、「自分が最高と思えるパフォーマンスをするだけ。結果は後からついてくる」といった言葉を口にする。勝敗やタイムなどの数値よりも、自分が納得できるかどうかが大切だということだろう。

もちろんチームやスポンサーのことを考えれば、結果を残さなければならないことは、彼ら自身が誰よりも理解している。それでもあえて「自分」を軸にするのは、「何としてでも金メダルを」などと言って自分を追い込むよりは、そのほうがよい結果につながりやすいことを知っているからだろう。

だが一方で、「自分のため」は、彼らの本音でもあるはずだ。常人には想像できないような努力と試練を乗り越えてその場に立っている。その自負が、偽らざる本音を吐露させているともいえる。

しかし、実力勝負のアスリートならまだしも、組織の中で仕事をする会社員の場合、そう簡単に本音など口にはできない。そのことは私も十分に理解している。目標管理制度がそのわかりやすい例だ。面談で次のようなやり取りを上司と交わしたことはないだろうか。

上司「今期の目標の達成状況を報告してほしい」

あなた「申し上げにくいのですが、このままいくと目標の70%くらいでしょうか。というのは、競合のA社の値下げ攻勢がすごいんです。さすがにうちはその価格は無理なので、アフターフォローなどのきめ細かさをアピールして、私も頑張っていますが……。最近、お客様も予算が厳しいようで、価格を重視される傾向が高まっています」

上司「そうか。幸いにして今期は想定外の大型プロジェクトが受注できたから、何とか部署全体の予算は達成できそうだ。でも、その状況に甘んじているわけにはいかない。問題は来期だな。売上目標のバーも大幅に上がっているし、今期のような大型プロジェクトを受注できる保証もない。だから部員各人の目標達成が不可欠だ。それで具体的な来期の目標数値なんだが、うちの課としては、これくらいは君に達成してもらいたい。やってもらえるかな」

あなた「そうですね……。厳しい状況だと思いますが、何とか頑張ってみます」

(ああ、ついそう言ってしまったけど、こんなに苦戦している状況で本当に実現できるのだろうか。でも、今期の目標すら達成できそうにない自分は、来期の目標についてとやかく言える立場ではないし。とにかく来期は何としても巻き返さないと)

結局、あなたは本音を言えず、どう考えても実現不可能な目標を受け入れる。もちろん、しっかりとコミュニケーションを取ることもなく、納得感もない状況で決まった目標が達成できるはずもない。誰に言われたからでもなく、自分の意志で高みを目指すトップアスリートとは対照的だ。

ちなみに目標管理制度は、1950年代にマネジメントの父といわれるピーター・ドラッカーが広めた、チームマネジメントの手法だ。みずから目標を設定、管理させることが「主体性」につながり、成果の源泉になると彼は考えた。組織の指揮命令系統でがんじがらめになっている個人の自主性を取り戻そう、という狙いである。そこには、人は国籍や年齢、性別ではなく、個人の努力や成果によって正当に評価されるべきだという、ドラッカーの強い思いがあった。

しかし、現代の日本の企業社会では、必ずしも彼の願いが実現されているとは言いがたい。目標管理制度は本来、みずからが設定した目標に向かって絶え間ない創意工夫や改善を行うことで自律的な成長を期待し、目標によって個人がみずからをマネジメントする有効な手段である。

だが時として、先の例のように、目標そのものをマネジメントするツールとして使われることもある。「ＭＢＯ」(Management By Objectives) ではなく、「ＭＯＯ」(Management Of Objectives) になってしまっているのである。

他人から与えられた目標ではなく、自分が掲げた目標を目指して自分のために働かなくては、自分らしさを打ち出すことはできない。何より上から言われるままに働くだけでは、自分自身、仕事をすることの意味が見出せない。そんなふうにして何十年も働き続けるのは、どれほど苦しいことだろう。

だが、自分の本音を真剣に追求する人の仕事のあり方は違う。本音の目標に焦点を定めるには、「自分はこういう人間で、これが自分のしたいことだ」という、軸となるものが不可欠だからである。この軸を強く太く鍛え上げていくことで、その他大勢とは一線を画す、自分だけの「こだわり」が獲得できる。

建前でやりすごしたり、上からの指示に従順なオペレーターに甘んじるのではなく、自分しか言えないことや、自分にしかできない仕事が持てるようになれば、顧客からはパートナーとして認められ、仲間からも一目置かれるようになる。こだわりとは、すなわち他と一線を画す独自性のことなのである。

しかもいま、ビジネスのあらゆるシーンで多様性と独自性の両方が求められている。組織を強くし、イノベーションを生み出す源泉となる多様性とは、多様な個性にほかならない。個性のない人間が何人集まっても多様性は生まれないし、簡単に自分の流儀や信念を曲げるこだわりのない組織や人は、世界中どこに行っても相手にされないに違いない。

一人ひとりがこだわりをしっかりと持ち、そのこだわりを持った個が結集することで、チームで大きなことを成し遂げる。それは会社も、野球やサッカーなどのチームスポーツも変わらない。

もちろん、野球とサッカーでは、個人技に依存する部分とチーム戦略が重要視される部分のバランスが違うのでひとくくりにはできないし、会社であれば個人プレーよりもチームプレー、組織の戦略や戦術に重きが置かれる。しかしそれも、簡単なことではブレないしっかりとした「個」があってのことである。私たちは全員、自分を活かしたうえで、チーム、そして社会に価値をもたらすために存在している。

30歳の私に与えられた試練

もちろん、話はそう都合よく運ぶことばかりではない。時には組織の中で自分を見失いそうになることもある。しかもキャリアの階段を上れば上るほど、自分の強さを試される厳しい場面に直面するようになる。

私がそのたびに思い出してきたのが、座右の銘「真実一路」である。すでに紹介した通り、自分が正しいと思ったことを貫き通せという意味だが、仕事の場で求められるのは、たいてい「一路」のほうだ。

納得いかなかろうが、四面楚歌であろうが、会社の方針に沿ってやり遂げるしかない。それが組織の論理である。私自身、四十の声を聞く頃までは、たとえこの道が正しいと思っても、いろいろな誘惑があったり、顧客の同意や上司の理解を得られなかったりで、粛々と実行するのが難しい局面があると考えていた。

しかし、年齢を重ねるうちに少しずつ認識が変わっていった。本当に難しいのは、何が本当なのか、どの道を進むべきなのか、すなわち「真実」が何かがわかること、納得できることだ。これさえ得心できれば、実行することはそれほど困難ではない。むしろ問われるのは、「一路」ではなく、「真実」のほうなのである。

それがどういうことかを説明するために、私自身の体験を語らせていただきたい。

30歳の時だった。当時、電電公社の技術局で、技術調査や人事関連などを担当していた私は、大阪転勤の内示を受けた。行き先は大阪データ通信局という現場の保守運用部隊。第1部から第6部まで6部門あり、総勢700人の大所帯である。私はそこの管理部門である施設部施設建設課長として赴任することになった。要は、局のヒト・モノ・カネを管理する部門だ。

大阪は新人研修で1年半ほど過ごした土地だ。当時の上司や先輩の顔が次々に浮かんだ。

久しぶりに会えるぞと楽しみに向かったが、待っていたのは想像以上に重大なミッションだった。「大阪データ通信局の700人のうち、300人を配置転換せよ」という指示を受けたのである。

電電公社は1967年にデータ通信本部を設置し、コンピュータ事業に本格的に乗り出している。公共的なシステムや金融機関のシステムを構築し、全国各地にコンピュータセンターを設置した。当時のコンピュータはメインフレームと呼ばれる大型コンピュータだ。CPU（中央処理装置）や磁気テープや磁気ディスクを使った磁気記憶装置を設置して、利用拠点と専用回線などで結んで利用していた。しかし、当時のコンピュータは非常に高価なものだったため、利用は政府機関や大企業に限られていた。

そこで電電公社は、共同で利用することによって、中小企業などでも廉価にコンピュータが利用できるようなシステムを全国的に配置することにしたのである。DEMOS（科学技術計算システム）とDRESS（販売在庫管理システム）という2つのシステムがそれで、現在のクラウドコンピューティングの原形のようなものと言えば、イメージしてもらいやすいかもしれない。

しかし実際に始めてみると、多額の資金を投じたにもかかわらず、利用は想定通りには伸びず、事業の存続が問われる事態となった。そこで、データ通信事業の再構築が試みられた。まず、全国各地のセンターの廃止も含め、最新のコンピュータセンターにシステムを集約する。それに伴い人員の再配置をしようというのである。

大阪データ通信局では700人の要員のうち400人を残し、残りの300人を再配置することになった。150人は新設する大阪ソフトウェアセンターに配置し、大阪でのソフト開発の拠点にする。残りの150人は、電話・電信部門に配置転換する計画だった。

浮き彫りになる一人ひとりの生き様

着任してまず私がやったことは、30人以上いた課長全員と面談することだった。各課の誰に残ってもらい、誰に異動してもらうか。行き先はどこか。順番に膝詰め談判する。本人の希望はもちろん、技術レベル、経歴、さらに家庭環境も含め、洗いざらい話してもらった。すると、それまでは想像もしなかったような、一人ひとりの生き様が浮き彫りになってきたのである。

元プロスポーツ選手のAさんは引退後、電電公社に中途入社した。仕事ぶりは優秀だったが、消費者金融に相当な借金があることがわかった。どうやら選手時代の仲間との付き合いが切れず、選手時代と同じように繁華街に繰り出しては豪快におごっているらしい。「いまじゃ俺も一介のサラリーマンだからな。割り勘にしよう」とは言いづらいのだろう。第二の人生を簡単には受け入れられないAさんの悲しみを思わずにはいられなかった。

Bさんは頭の回転がよく、発想力も図抜けた人物。話してみると、お互い理解できる部分もあった。ただ、組織の中では活躍するのが難しいと思われる点があり、結局、配置転換になった。最後に「お前も頑張れよ」と逆に檄を飛ばされたことを、いまでもよく覚えている。

中学校時代に生徒会長、高校で学友会長を務め、大学進学、就職と、比較的順調に人生の階段を上がってきた私にとって、それは初めての経験だった。職場ではけっして口にしないが、人はそれぞれの人生を生きている。価値観や人生観、仕事に対する考え方もいろいろだ。時に壁にぶつかることもある。そんな多様な一人ひとりに、会社の方針を一律に押し付ければ、不満や軋轢が生まれるのは当然だ。そう思うと、あらためて背筋が伸びる思いだった。

私はとにかく、課長たちとじっくり話し合った。そしてようやく250人の異動先が決まった。だが、残り50人がなかなか決まらない。

配置転換は本人にとって人生の一大事である。異動させられる側にしてみれば、人数合わせでやられてはたまったものではない。私自身、若かったとはいえ、「人事を担当する人間は、後から振り返っても後悔のない人事をすべきだ」という思いはしっかりあった。だからこそ、なかなか決断できなかった。

なかには、もっと活躍してほしい人であっても、本人の希望と噛み合わないケースもある。たとえば直属の部下だったCさんだ。有能なうえ、システムの知識にも長けていた彼には、さらに上位の近畿電気通信局に行ってもらい、力を発揮してほしかった。だが、その話を切り出した途端、彼の表情が曇ったのをいまも思い出す。

「岩本課長。上位局への異動は大変ありがたいのですが、私は元いた現場でシステムの運用管理業務に就きたいんです」

聞けば、がんを発病した奥さんのためにある程度、時間の融通が利く職場に移りたいのだという。

「いままで仕事一途で女房には苦労をかけた。これからはそばにいてやりたいんですよ。頼みます」

頭を下げられ、私は言葉を失ったものだ。優秀な彼には上位局での仕事でさらなる成長をと願うのは、上司として当然の気持ちである。彼もまた、そのことの意味をよく理解しており、本当はチャレンジしたいという思いもあっただろう。だが、病気の奥さんを気づかう彼の気持ちを考えれば、私の勝手な思いを押し付けるわけにもいかなかった。

そんなケースは彼だけではなかったから、私としてはともかくありったけのデータを集めるしかなかった。まずは事実を掌握することだ、と信じた。

何カ月もかけて面談をする一方、課長たちから上がってくるヒアリングレポートにも逐一、細かに目を通した。なかには、「評価にややバイアスがかかっているのでは」と思われるものもあったから、内容を鵜呑みにはできない。すべての資料を机の上に広げ、突き合わせながら検討をする。

人事にはストーリーがある。目的は400人を残し、300人を配置転換することだが、誰を残し、誰を配置転換するのか。配置転換は新設の大阪ソフトウェアセンターか、電話部門への戻しか……。こんな具合にやっていると、作業は連日、深夜1時、2時まで続いた。目は充血し、無精髭の生えたむさくるしい顔は、働き盛りとはいえ、さぞ疲弊して見えたことと思う。だが、オフィスの窓から灯りもまばらになった夜の堂島の街を眺める私の頭には、不思議なことに一つの問いしか浮かんでこなかった。

「異動させられる人のために、会社のために、私は何をすることができるのだろうか」

思考をストップさせ、とりあえず意思決定することもできたかもしれないが、一人ひとりの人生の重さを考えればそうはいかない。どうすれば集めてきたデータの中から最高の答えを見つけ出せるのか——。そう自問しながら明け方に帰宅し、布団でうつらうつらうつらしていると、うず高いレポートの山が雪崩落ちてくる悪夢を見ることもあった。

真実を見つける

いまにして思えば、30歳にして大規模な配置転換を任された私は、会社からまさに、「真実一路」の「一路」を求められていた。だが毎日、異動候補者やその上司と話し合い、労働組合対応の担当者からどやされているうちに、当時の私は、言うに言われぬモヤモヤした思いを抱えるようになった。
そもそも自分が納得していないことをいくら論じたところで、説得力がないのは当然だ。そのうち、周りからは「上に言われた通りに動いているだけだな」と見透かされ、本気で相手にされなくなる。そのことが肌でわかってきたのだ。私に必要なのは、自分自身が納得する「真実」を突き詰めることだった。

「人間としてこれをやるべきだ」
「自分だからこそ、これができるのだ」

心からそう思うことができなければ前には進めない。データに翻弄されていた私は、そのことに気づかされた。

では、このプロジェクトにおける「真実」とは何だろう。雑念を排してそれだけを考えていくうちに、濃い霧の中から答えが浮かび上がってきた。それは「最高の人事をすること」。突き詰めれば、それ以外に私がなすべきことはなかった。

いったんそのことに気づくと、プレッシャーの元凶だった山積みのレポートが、今度は実に興味深い材料に見えてきた。個々のデータに囚われず、会社の目、組織の目、上司の目、本人の目と、視座を変えて眺めることができるようになった。

「なるほど、第2部の◯◯さんは通信の知識レベルが図抜けて高いな。できれば大阪のソフトウェアセンターに行ってもらいたいが、彼に抜けられると第2部としては痛手だ。後進の育成を担ううえでも、彼は貴重な存在だ。よし、やはり残ってもらおう」

こうした具合に、おのずと答えが導き出せるようになってきたのだ。

突然、見える景色が大きく変わったような気がした。信念と目的を持てば、仕事に忙殺されることなどない。ハードな交渉も、ゴールのために必要不可欠なプロセスに変わる。何が最も大切な価値なのか。真実一路の意味が、その時初めて本当に腹落ちしたように思った。

技術畑にいた私が突然迎えることになった正念場。それを乗り越えたことで、私は成長の階段を一歩上ることができたのだった。

自分は何者なのかを知る方法

ここだけは譲れないというこだわりを得て、真実にたどりつくためには、自分というものを深く知る必要がある。前述したように、自分が何者かを、私たちは知っているようで知らない。

では、どうすれば自分を理解できるのか。私が行ってきたのは、あらゆる角度から自分を客観的に眺める方法である。少し難しい言葉で言えば、「自己認識」ということになる。

ただし、自己認識といっても、特別に難しいことをするわけではない。

松下幸之助は著書『社員稼業』（ＰＨＰ研究所）の中で、自己認識についてこう述べている。

「自分の個性、特性というもの、適性というものをどういうふうにして認識するかが大事だと思うのです。その自己認識ということが、個人が世の中に立っていくうえで、一番大事なことだと思うのです」

つまり自己認識とは、自分を知ることであり、それなくして、個人として社会の中で生きていくことはできないということだ。

30歳にして300人の社員の配置転換を命ぜられ、大きな責任に身動きが取れなくなっていた私も、自己認識の必要性を感じていた。そこで、頭の中でなすべきことを整理した一枚のメモをつくって、配置転換を任された課長としての自分、異動候補者のよき理解者としての自分、組織改革の支援者としての自分……といった、多様な視点からそれを眺めてみた。

その結果、明らかになったのは、「最高の人事をすることより他に優先すべきものなどない」という答えだった。前から考えてきたことではあったが、それこそが何があっても曲げることのできない自分のこだわりだと気づくと、余計な迷いはもう生じなかった。

すると、周囲の反応が少しずつ変わってきた。年齢的にも経験から言っても大先輩ばかりの大阪データ通信局だったが、「こいつはどうやら流されることなく、自分の信念を貫いているらしい」というふうに思ってくれたのだろう。

会議では侃々諤々の議論に発展するのが常だったが、気づけば味方してくれる人が増えていた。「最高の人事をする」というこだわりがあったからこそ、共感を得ることができたに違いない。会議や資料の山を片づけた後、同僚とビールを片手に頬張った串揚げの味は、いまも忘れられない。

その後、人事に関わる仕事も何回か経験したが、常に最高の人事を心がけたし、部下にもその本質を教えてきた。もちろん、「最高の人事」とは、最良の結果を保証するものではない。人事の結果が正しいかどうかは、誰も判断できないからだ。

しかし人事は、評価であれ異動であれ、その人の人生を大きく左右することは疑いようのない事実だ。したがって、少なくとも人事を行う職務にある以上、自分の限られた時間を精一杯使い、集められるデータを最大限集め、それを情報（インフォメーション）に変えて、自分としてこれしかないという結論、すなわち知見（インテリジェンス）たどりつくまで考え抜かなければならない。それが、私が考える「最高の人事」である。

そして、ひとたび結論が出た後はけっして後悔せず、最高の人事だったと胸を張ることである。あの人事は間違っていたかもしれないなどと言われたら、当人はたまったものではない。自分自身の姿勢や努力を恥じないことも、最高の人事に欠かせない要素である。

まとめ：「岩本流」自分との向き合い方

困難に直面した時、人は誰でも自分の考えや決定に自信が持てなくなる。しかし、状況が厳しければ厳しいほど、最後は自分を信じるしかない。

その時、吹きすさぶ風の中で自分をすっくと立たせてくれるのは、何があっても曲げることのできないこだわりだけだ。ブレず、妥協せず、真実に向かって突き進むために、こだわりがいかに重要か。30歳にして私にそれを学ばせてくれたあの悪夢のような日々を、いまではかけがえのないものと思っている。

以来、たとえハードな局面にぶつかっても、そのつど、「明けない夜はない」と思えるようになった。それも、少しずつながら、こだわりを貫けるようになったからだろう。

自分は何を正しいと考え、これだけはしたくないと思うのはどんなことか。善いこと、美しいと感じることは何か。違和感を覚えるのはどんなものか。これらを常に考え抜くことだ。それがわかれば、自分という人間が何者か、何にこだわるのかが、自然とはっきりしてくる。

もしあなたが理想を持って自分らしく仕事したいと望むのならば、一日も早くこだわりを見つけることを勧めたい。借り物でない自分だけのこだわりが見つかれば、それが人を惹き付ける。そしてそれは、どれだけＡＩやロボット技術が発展しても、けっして代替の利かない、あなただけの武器になる。

さらにそのこだわりは、他者を魅了し、自分自身を強くする。ゆるぎない自分を獲得したあなたは、どれほど激しい変化の波に襲われても、もうけっして自分を見失うことはないだろう。不確実で先の見えない時代にあっても、自分を信じて前を向き続けることができるのだ。

「自分と向き合う」ここがポイント!

自分が何者かを
人は意外と知らない。
あらゆる角度から眺めると、
自分の「軸」が見つかる。

第3章
組織と向き合う
個とチームを強くする方法

組織の中で、自分を諦めない

第3章では、組織と向き合う意味と方法について考えてみたい。

組織と向き合うとはどういうことか、嫌というほど知っていると思う読者もいるだろう。それを口に出すかどうかは別にして、私たちはみんな、組織の論理や文化、上下左右の人と向き合いながら毎日働いている。そこには、「自分のために働く」とはほど遠い現実があるのも事実だ。

たとえば、顧客への提案をめぐるジレンマ。顧客のことを本当に思うなら、別の商品やサービスが望ましいとわかっていても、会社や部門の都合を優先して、提案内容を変えてしまったことはないだろうか。

たとえば、現場と上層部の理解のギャップ。顧客の声を直接聞けば、新事業開発にしろ業務改革にしろ自社のスピードがあまりにも遅いのは明らかなのに、それを上に言ってもいっこうに腰を上げようとしない。

こうした現実を前にすると、人は心の中で葛藤し、時には異を唱えることもある。だが、多くの人はほどほどのところで矛を収める。組織に属する以上、自分を殺すのは仕方がないと考えているからである。しかし、それをやり続けると、人は自分というものを失ってしまう。単なる歯車として、組織の中に埋もれてしまうのだ。

もちろん、それでいいわけがない。「自分のために働く」ことを実現するには、そこでもう一度、自分を奮い立たせる必要がある。ただし、一方的に上司や先輩に食ってかかれ、と言っているのではない。

小兵の幕下力士が横綱や大関の胸を借りるように、いまの自分というものを精一杯、言葉を尽くして相手にぶつけてみよう。何度も跳ね返されて転がされていると、自分の足りないところや未熟な部分を思い知らされることもあるだろう。

ただ、そうしたぶつかり稽古のようなことを繰り返しているうちに、自然と地力がついてくる。なぜならば、きつい稽古の裏には、組織と対等に向き合う「覚悟」があるからだ。社会や会社がだめだから自分も力を発揮できない、といった子どもじみた言いわけに逃げるのではなく、自分が強くなるために全力でぶつかる。その結果、相手にも認められるようになり、さらには、自分のどこに強みがあるのか、どうすれば社会や組織に貢献できるのかまでがはっきり見えてくる。それが、自分をけっして諦めない組織との向き合い方ではないか、と私は考えているのだ。

今日、「組織」のあり方は大きく変容している。アメリカ人ジャーナリストのダニエル・ピンクが、著書『フリーエージェント社会の到来』(ダイヤモンド社)の中で、ITを駆使し、企業に所属せずに独立して働く「フリーエージェント」の群像を描いたのは、2000年代初めのことだ。この時すでにアメリカでは、4人に1人がフリーエージェントだったという。

同書ではさらに、企業におけるフリーエージェント的な働き方についても触れている。当時、会社員でありながらさまざまなプロジェクトに自律的に関わり、成果を上げていく人々が次々に現れていた。彼がとらえた潮流は、今日ではさらに大きな波となり、私たちのすぐ足元まで迫っている。

組織の形態は、かつてのような厳密な階層を成すピラミッド型だけでなく、よりフラットなものも生まれている。人々の働き方も、上からの指示命令に従うだけのかつてのあり方とは違ってきている。変化のスピードの激しい今日においては、上意下達を待っているだけでは競争に打ち勝てず、社会から置いてきぼりにされてしまうからだろう。一人ひとりが自分の能力や経験、価値観、センスを活かして、のびやかに働く時代が到来しているのだ。

組織研究の第一人者で、ロンドン・ビジネススクールで教鞭を執ったチャールズ・ハンディは、「20世紀とはさまざまな意味で〝組織の世紀〟だった」と述べているが、その言葉を借りれば、21世紀はまぎれもなく〝個の世紀〟といえる。

会社は社員が集う「傘」にすぎない

そもそも私には、社員は会社の従属物であるという考え方はいっさいない。

ドラッカーは、著書『マネジメント』（ダイヤモンド社）の中で、組織が持つ意味や存在理由について、「人の強みを生産的なものにすること」と述べた。そのうえで、「個としての人間一人ひとりに対して、また社会を構成する一人ひとりの人間に対して、何らかの貢献を行わせ、自己実現させるための手段」と、組織を位置付けている。

さらに、そこにおけるマネジメントの機能とは、「人が協働して成果を上げることを可能とし、強みを発揮させ、弱みを無意味なものにすること」であると語る。言い換えれば、社員がみずからの強みを発揮できないような組織では、マネジメントは機能していないということになる。

私もまったく同感である。実際、私が社長に就任した後の2013年の年頭あいさつでは、社員に向けて次のようなメッセージを送った。少し長くなるが、紹介させてほしい。

「世界中のNTTデータグループの社員は、何の因果か、偶然NTTデータというアンブレラ（傘）の下で一所懸命に仕事をしているわけです。ここにいる皆さんもそうだと思います。一人ひとりには歴史があり、地域社会で付き合ってきた人や、学生時代の友だちもみんな違うわけです。20代の若者もいれば、私と同じようなベテラン社員もいます。それぞれの人が、それぞれの人生を歩んできた。その人たちが、いま同じNTTデータのアンブレラの下にいる。

ですから私は、そういう皆さん一人ひとりが、会社のためではなく、自分のために働いてほしい。自分の人生を自分の足で歩き、しっかりと自己実現を果たしてほしい。そう思っているのです」

会社という組織は、けっして箱のような窮屈なものではなく、人々がゆるやかに集う傘のようなものだと思っている。まったく違うバックグラウンドを持った人たちが、それぞれの課題や問題意識を抱えながら集っているのだと。

だが、それぞれがバラバラのほうを向いていては、せっかく同じ傘の下にいる価値がないともいえる。NTTデータという傘の下で、企業目標を達成するためにさまざまな役割を持って協働している以上、個人の課題に仕事上の課題が多く重なることは当然である。そうした中で各人の自己実現ができれば、それはすなわち、企業目標達成への貢献につながる。

互いの弱みはカバーし合う一方で、力を合わせることで各人の強みを最大化する。そのために、社員一人ひとりの多様性を守り、活かすと同時に、価値観の共有を図るのが、組織の大きな役割となる。

ちなみにNTTデータには、全世界のグループメンバー全員が共有する、「Clients First」(クライアント・ファースト)、「Foresight」(フォーサイト)、「Teamwork」(チームワーク)という大切な価値観がある。

ここでそれぞれを詳しく紹介することはしないが、3つ目の「チームワーク」に関しては、組織とメンバーの向き合い方にもつながるので、少しだけ説明したい。

実は「チームワーク」という言葉を、私は当初使うつもりがなかった。マズローの欲求

5段階説でいうところの「自己実現」(Self-actualization)という言葉を使いたかったのだが、簡単でピタッとくる英語が見つからなかったのだ。そこで次のような思いを込めて、「チームワーク」という言葉を選んだ。

したがってチームワークと言っても、単に仲間との協力・協調を指しているのではない。仲間とともに達成する「自己実現」を大切にすることである。多様な個性や考え方を持ったメンバーがチームを組み、一つの目的に向かえば、個人ではなしえない大きな成果を生み出せる。

実際、大規模プロジェクトでは社員以外にもお客様を含む大勢の関係者が集い、みんなが同じ目標に向かって努力を積み上げる。そこで、さまざまな工夫や人間関係の調整といった努力を積み上げてプロジェクトを仕上げると、大きな感動が生まれてくる。

さらに個々の社員は、仕事上の課題やミッション以外に、個人的な課題や悩みを多く抱えている。20代の社員であれば、人生をともにするよき伴侶とめぐり合い、幸せな家庭を築くことが最大の目標かもしれない。子どもを持つ30代、40代ならば、教育問題に頭を悩ませることもあるだろう。

また50代ともなれば、親の介護に直面したり、自分の今後の人生設計を見つめ直すこともあるかもしれない。語学力の向上や資格取得などの自己研鑽、あるいは社会貢献活動に生きがいを見出している社員もいる。

こうしたさまざまな課題を抱える社員がその課題克服に全力を尽くし、自己実現を果たして公私ともに充実すれば、会社の成長にも貢献することは明らかだろう。仮にそれが会社の仕事に無関係なことだったとしても、結果的にはＮＴＴデータ社員としての行動であればＮＴＴデータのブランド価値向上に資することになる。

ドラッカーの言葉の通り、組織とは「自己実現をさせるための手段」であり、個人の力の限界を超えた価値を実現するための「傘」なのである。

組織はなぜ生まれたのか

ここであらためて、組織はいつ、どのようにして生まれたのかを考えてみたい。

歴史を振り返ると、その原型は狩猟採取時代にも見られる。猟を行うためのチームには、意思決定とコミュニケーションの仕組みがあったはずで、一定の役割分担と指揮命令系統が存在したとすれば、それはもう組織と呼ぶにふさわしい。

そこからぐっと時代は下るが、日本にも、一つの理想の形態として受け継がれた組織がある。それは、「講《こう》」といわれるものだ。

講は、平安時代には仏典を講読、研究する僧集団を意味していたが、のちに神社や寺院へ参拝するための組織として、庶民の間で広く結成されるようになった。特に室町時代以降、江戸時代にかけてブームとなったのが「伊勢講《いせこう》」である。

伊勢参りは当時の人の憧れだったが、庶民にとって伊勢までの旅費はおいそれと出せる額ではない。そこで講を結成し、各人が少しずつお金を出し合っては積み立て、資金がまとまるとそのつど、代表者2、3人が参拝する仕組みをつくった。代表者は毎回くじ引きで選ばれるが、一度当たると次回からくじを引くことはできない。最終的にほぼ全員が一度はお伊勢参りに行くことができる、というシステムだった。

このように狩猟も伊勢参りも、一人では成し遂げられないことを相互扶助によって実現するための仕組み、という点では変わりがない。これが組織の原型だったといえるだろう。

また世界に目を向ければ1602年、世界初の株式会社として設立された「オランダ東インド会社」も、商人たちが協力し、航海という一大プロジェクトを成し遂げるために生まれたものだ。それまでは航海ごとに商人や船主が資金を出して費用を清算していたが、船が沈没したり、海賊に襲われたりすることも少なくなかった。そうなれば商人たちは巨額の損失を抱え、事業をそれ以上続けられなくなる。言わば、ハイリスク・ハイリターンのビジネスだったのである。

そこで株式会社をつくって投資家から出資を募り、無事に終われば出資額に応じて利益を分配するようにしたおかげで、リスクが分散されて事業を安定的に行えるようになった。これも、個々の力の限界を突破するための仕組みといえるだろう。

「十文字の人間関係」を結ぶ

しかし、多くの人が集まり、それぞれのこだわりや思惑が衝突する組織の中で、自分を見失わずに働くことはそう簡単ではない。働く人の悩みの多くは、つまるところ人間関係で、それも社内の関係がほとんどだと指摘する人もいる。そこで一つ、人間関係に関する実践的なアドバイスをしておきたい。

何か大きな問題に直面した時、すぐに相談できる上司があなたにはいるだろうか。業務上の些細なトラブル、社内の人間関係、プライベートな問題などを、忌憚なく打ち明けられる、言わば「救いの神」である。いま風に言えばメンターとなるのかもしれないが、大切なのは会社の制度で決められた人ではなく、自分で選んで関係を築いていくことだ。

もしもいなければ、いまからでも遅くない。一人でいいから、「この人なら尊敬できるし、自分のことも理解してくれる」という信頼できる人を社内に見つけよう。直属の上司なら言うことはないが、さらにその上の上司や斜め上の上司、たとえば隣の部署の上司でもいい。同じ会社の人間であれば、尊敬できる大学の先輩でも、まったく別の部門の上司であってもかまわない。

もちろん、学生時代の恩師や、異業種交流会などで知り合った人からも、人生の先輩として優れたアドバイスをもらえるかもしれない。しかし、同じ組織に属していないと理解できないことは多い。これが、救いの神は社内の人間でなければならない理由だ。

ただし、制度として割り当てられたメンターとは違い、自分が勝手に心に決めた救いの神の場合、黙っていても向こうから手を差し出してくれることはまずない。だから、みずから努力して見つける必要がある。

これはという人物が見つかったら、最初はあいさつをしたり、アイコンタクトを取ったりすることから始めて、徐々に距離を縮める。社内で姿を見かけたら呼び止め、何でもいいから立ち話する。

「教えてほしいことがあるんです」

「ちょっと相談に乗っていただけませんか」

こんな言い方をされれば、たいていの人は「力になってやろう」と思うに決まっている。そして次は、折に触れて話を聞いてもらうようにする。大事なことは、自分の心が折れてしまう前に話を聞いてもらい、アドバイスをもらうことだ。時には厳しいことも言われるかもしれないが、逆にそれもありがたい。

救いの神が力になるのは、若い時ばかりではない。むしろ少しずつ責任のある立場になって、人に相談するのが難しくなってくると、ますますこうしたメンターの存在が大きな意味を持つようになる。たとえば、自分の責任で決断を迫られる時に話を聞いてもらうと、メンターの言葉にはっとさせられることがある。そこには、自分の悩みが鏡のように映し出されているからだ。

逆に、部下や後輩の援助もしてほしい。悩んでいる様子が少しでも見られれば、自分からすすんで助けの手を差し伸べよう。先ほどの上司の場合と違って、こちらは何人でもかまわない。いや、むしろ多ければ多いほどいい。頼ってくる部下や後輩は何人でも引き受ける、そういう気概を持ちたい。

上の人の中に救いの神を見つけ、下の人に対しては自分が救いの神になる。言わば、上下に伸びる人間関係「縦の糸」を十分に張るのだ。

そして今度は、この縦の糸に交わる「横の糸」も張りめぐらしていく。年次や部署の違う同僚でもいいし、こちらは救いの神と違って社外の人でもいいので、顧客や社外の仕事のパートナーなど、立場の違う相手にも広げてみる。自分との利害関係など考えず、腹を割って話し合ったり、時には労を惜しまず協力し合ったりするような仲間をつくるのだ。

こうして十文字を書き、その真ん中に自分を置く。そして上下左右、あるいは斜め上や斜め下に、自分を取り巻く関係者を配置する。そのうえで、自分との関係は良好か、自分からの働きかけは十分か、相手はどのように自分を見ているのかなど、関係の深さをしっかりと認識する。その結果、改善が必要だと感じれば、より密接な人間関係を築けるよう

図表5　「十文字の人間関係」を築く

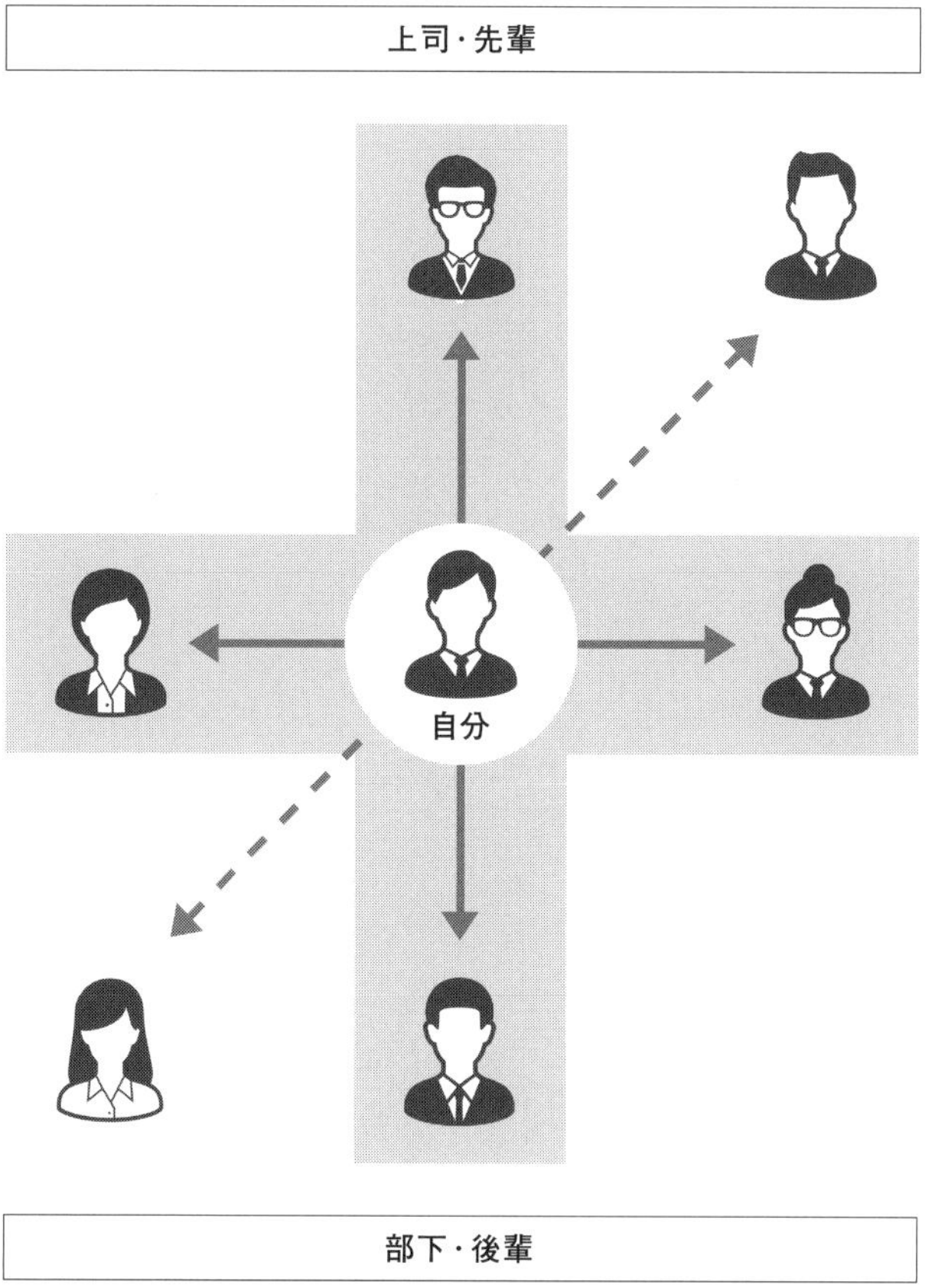

に努力していくことが重要だ。

組織と向き合う中で、この「十文字の人間関係」は時として大きな威力を発揮する。組織における最も重要な人間関係は、直属の上司とのリレーションである。直属の上司のミッションをよく理解して、その達成のためにメンバーがそれぞれのポジションで精一杯努力することは、組織力を発揮するために欠かせないし、リーダーとメンバーの関係が面従腹背では成功はおぼつかない。

だから、自分が意思決定者の場合は、配下のメンバーに自分の考え方、どうしてそういう判断に至ったのか、しっかり説明して納得感を得ることも大切だ。ただし、緊急事態など意思決定に迅速性を求められる時は、この限りではない。

とはいえ、人間には感情があるし、相性というものもある。直属の上司であっても考え方が合わないとか、理解できないといったことは少なくない。

一例を挙げよう。ある会社のM&Aの案件を議論しているとする。M&Aの目的やシナジー効果、法務・財務両面でのリスク評価、M&A後の経営体制・PMI（買収後の事業統合）、買収の金額の幅など、さまざまな観点から議論が展開される。自分の意見と上司の意見が合致している場合は問題が起きない。しかし、上司の意見があなたと違った時、どういう行動を取るかが問題である。

この例では、M&Aで得られる事業への貢献度と、買収リスクとの比較が問題となる。M&A推進派のあなたに対して、上司は「事業貢献は大きいが、半面、リスクはそれ以上に大きい」として否定的な意見を持っているとする。この時は、少々やっかいだ。

自分の意見が正しいと思っているあなたは、「M&Aにリスクはつきものだ。上司はどうしてこのM&Aのよさがわからないのだろうか」と考える。その場合、諦めて上司の意見に単に追従すればよいわけではない。

時間的に許される限り、その違いについてとことん議論すべきだ。情報（インフォメーション）が十分共有されておらず、議論が噛み合っていない場合もある。上司がどうしてリスクのほうを重く見ているか、その考えも理解するよう努めるべきである。

だが、いつまでも決断を先延ばしにすることはできないので、最後は上司（意思決定者）の判断に従うことになる。

「情報の3階層」でも述べたように、判断の源となるインテリジェンスはその人の思想や倫理観、そして何より経験などに依拠しているので、上司の判断が自分よりも卓越していることは多い。したがって、いったん組織としての結論が出た場合には、自分もそのインテリジェンスを理解し、自身の行動判断と一致させる努力をしなければならない。上司と部下の関係は、組織のパワーを最大限に発揮するうえで極めて重要だ。
しかし、上司の判断がコンプライアンスに違反しているとか、誰かの人間性を卑しめていると感じた場合には、まったく話が異なる。絶対にその上司の判断に従ってはいけない。回避策は、さらに上の上司や、斜め上の上司に相談することだ。つまり、十文字の人間関係を活用するのである。

組織の一員として仕事をするのは、皆さんご存じのように楽しいことばかりではない。苦しい時、悩んだ時、自分のこだわりを見失い、自分を信じられなくなることもあるだろう。だからこそ、誰にでも救いの神や、信じられる仲間が必要なのである。あなたという人間を強く大きく成長させるのに、十文字の人間関係は必ず役立つだろう。

「らしさ」を共有できるか

NTTデータは、電電公社という公共企業体から生まれた。それだけにドメスティックなイメージを持つ読者も多いのではないだろうか。現在では、世界53の国と地域に拠点を広げているグローバル企業と知れば、意外に思う方もいるかもしれない。

本格的な海外進出元年は2005年。この年、アメリカのSI（システムインテグレーション）企業リビアを子会社化したのを皮切りにM&Aを続け、10年余りで海外売上げを50倍に伸ばした。


2005年と言えば、私が取締役に就任した年である。グループビジョンを策定することになり、私を含む当時の若手の取締役4、5人、それに一般社員40人程度のメンバーが社内から集められた。さらに、一橋大学の一篠和生教授にコーディネート役になっていただき、ディスカッションを始めた。

この時の一篠教授のテーマ設定がとても面白かった。「10年後に『日経コンピュータ』という雑誌がNTTデータの特集を組むとします。その一面を飾るテーマは何でしょうか」というのだ。つまり、10年後にNTTデータはどんな企業になっているかを考えろというのである。

そこから熱い討論が始まったわけだが、結論は案外すぐに出た。キーワードは「Global IT Innovator」（グローバル・ITイノベーター）。2018年5月まで、グループビジョンとして掲げていたものである。

前半の「グローバル」という言葉については、それぞれの取締役が描く未来があり、もしかすると同床異夢だったかもしれない。だが、ITをコア事業として世界的な舞台への進出を本格化したいという思いは、誰もが同じだった。さらにITを使って世界を変革していく、ITそのものを変革していくという、2つの意志を込めて「イノベーター」という言葉を選んだ。

経営のグローバル化を進めていく日本企業が増える中で「らしさ」、つまりブランドにふさわしい本質的な価値基準を共有していく意義は大きい。私たちNTTデータで言えば、その「らしさ」こそが、このグループビジョンだったのである。

ビジョンを実現するためには、グループが一丸となって取り組んでいかなければならない。そこで共有すべき軸として掲げたのが、先に紹介した3つの価値観。これが、世界53の国と地域、12万人のグループ全社員が共有するバリューである。

①Clients First（クライアント・ファースト）
　お客様を第一に考えて、お客様の満足と成功のために最後までやり抜く。
②Foresight（フォーサイト）

現状に満足することなく、スピード感と先見性をもって行動する。

③Teamwork（チームワーク）

多様な個性や考え方を持った仲間とともに、自己実現を達成する。

NTTデータは、あくまで日本発の企業グループである。そこに、IBMにもアクセンチュアにもヒューレット・パッカードにもない個性があり、価値がある。日本発ならではの心臓部分、すなわち軸となる価値観やフィロソフィーなどを大切にすべきであるという思いを、これらの3つのバリューに込めたのだ。

多様な世界各国のメンバーが一つになり、「One NTT DATA」（ワン・NTTデータ）として成長するため、これらが果たしてきた役割は実に大きい。もちろん、ビジョンやバリューに心から賛同するかどうかは、人によって違うだろう。精神論なんかより利益が重要だ、と言い切るドライな社員もいるかもしれない。

とはいえ、海外子会社のCEOと話をしてみると、特にスペインやラテンアメリカのメンバーは心から賛意を示してくれているのがわかる。日本人に比べると割り切っているはずのアメリカのメンバーも、「これが私たちのバリューですよ」と説明すると、ちゃんと理解してくれる。

さらに、「らしさ」を頭だけではなくハートで共有してもらうため、２０１３年には、世界中の社員が歌うことを目的としたグループソング、「NTT DATA One Song ― Shine like the sun」（ＮＴＴデータ「ワンソング」）を発表した。言語、文化、背景の違いを乗り越えてグループが一つになるために、世界共通のコミュニケーションツールである「歌」が必要だと考えたからだ。

まず、世界中のグループ全社員を対象に、歌詞を応募するパンフレットを6カ国語で作成し、配布した。作詞はハードルが高いという人は、好きな言葉や大切にしたい言葉でもかまわない。そのように募集したところ、１万語ほどが集まった。それを当社の言語解析製品「なずきのおと」を用いて分析し、その結果をもとにプロの音楽家の力も借りて歌詞を制作した。

次は曲である。できあがった英語の歌詞を再び社員に戻して、それに合う曲を公募した。さすがに作曲となると難易度が上がるので応募数は40程度となったが、これを組み合わせて「ワンソング」を完成させた。

世界中のグループ社員は、国籍も違えば年齢も違う。歩んできた人生もまるで違う。彼らがいまこの瞬間、ＮＴＴデータという同じアンブレラの下で働いているという奇跡。その感動を共有できるような歌をつくりたいという思いは、海外の社員たちにも通じたようだ。世界のいろんな拠点で、キックオフや懇親会などの場で歌われている。私が東南アジアを訪問した際、現地社員が合唱して歓迎してくれたことは、いまでも忘れられない。歌が世界共通のコミュニケーションツールになることを、あらためて実感した。

経営のグローバル化が進めば進むほど、個人も会社も、みずからの「こだわり」を問われる場面が増える。国や地域ごとに異なる価値観や習慣にぶつかり、再び自分の核となるものを見つめ直す。そうしたプロセスを経て、一つの「らしさ」を共有し、世界を身近に感じられる組織でありたいと私は思う。

強い個の数だけ、チームは強くなる

現代はアンビバレンス（両価性）の時代だ。グローバリゼーションとローカリゼーション、グローバリズムとナショナリズム、多様性と独自性という、対極にあるものが同居しているのが今日の特徴である。

そして、一般的には対極に位置するととらえられがちな「個人と組織」もまた、関係を変え、並び立つ時代になっている。

組織のヒエラルキー構造が強固だった従来は、組織が絶対であり、組織のために個人が存在していたといっていい。だが、いまでは違う。組織は個人の集合体であり、個人が成長しない限り、組織の成長もありえない。「個人と組織の理想形はウイン・ウイン」という時代が到来している。


だからこそ私は、経営者という立場にありながら「自分のために働いてほしい」と常に口にしてきたし、入社式でも新入社員にそう話してきた。繰り返すようだが「自分のため」とは言っても、利己的になれ、自分の私利私欲のために働けと言っているのでは、もちろんない。

自分が何をなすべきかを考え抜いて、それを実行することを、若い人に求めているのだ。それぞれが常に前進して自分のために働くことで初めて、会社も立ち止まらずに成長することができるし、その結果、社会の発展にも貢献できる。

実際、自分のために働かないと仕事が進まず、何事も達成しづらい。それを経験上、知っているからこんなことを言うのだ。

お伝えしたように、「真実一路」が私の座右の銘だが、顧客と組織の板ばさみとなり、「正直、自分の真実を貫き通すのは難しい……」と感じていた時代もある。だが、40歳を過ぎた頃から、「やはり自分の真実こそが、モチベーションの源泉なのだ」と確信するようになった。何事であれ、腹落ちしないことは自分事としてとらえられないのが人間だ。他人に指示された通り動いても、結局大した成果は出ないのである。

みずからの経験を通じてそれを学んでからというもの、あえて「自分のために働いてほしい」というメッセージを事あるごとに発信するようになった。そこに集う社員が、自分を信じて頑張れるように、会社は傘を広げ、雨風から社員を守る。自分のために働く人の数だけ、会社は強くなるからだ。

自分のために働けば、お客様、組織、さらには社会にも貢献できる――私がこの考えに対する確信を深めるきっかけになったのが、ある社員の一言だった。

ＮＴＴデータグループではさまざまな社会インフラシステムを構築、運用しているが、その中でも特に大規模なものの一つに、日本経済の基盤を支える大規模決済ネットワークシステムがある。

扱う決済額は、１日当たり１００兆円超。それだけに求められる品質レベルは高く、堅固な信頼性、安定性を担保しなければならない。もちろん、トラブル時の対応力、迅速な問題解決力も求められる。この難しい仕事をどう成し遂げているのか。その担当者たちによれば、「役割の明確化」がカギだという。

役割というと、「任されたことをやればいい」といった印象を持つ人もいるかと思うが、そうではない。「高い品質を実現するためにみずからが何をできるか」ということを一人ひとりが考え抜き、ここまでやるかと驚かれるほどやることが大切なのだ。

たとえば開発を担当するチームでは、ありとあらゆるシチュエーション、可能性を考慮し、通常では考えられないようなケースまでも想定し、実施・検証を繰り返す。もちろん、これは開発チームに限った話ではない。システム稼働後の維持運用や、顧客の要望を聞いて提案を行う営業であっても、おのおのがみずからの役割を果たすために全力を尽くすからこそ、高い品質が実現される。

一方で、時には担当の範囲を超えることもある。自分たちの役割に留まらず、隣のチームの状況にまで気を配り、組織全体がいま何を求めているのかを考えたりする。互いを慮りながら協力し合う、チームワークの発揮である。

このシステムを担当する社員の一人が、こう話すのを聞いた。
「高い品質を実現するためには、それぞれのチームがそれぞれの役割を果たすだけではだめなんです。『あそこのチームでこんなことが起きているらしい』ということをちゃんと理解して、それぞれの所掌を超えて、タッグを組む必要があります。そうやってチームが融合するからこそ、より多くのパワーを得ることができるのです」

社員のこうした声を聞くたびに私は、「なすべきことをするために、自分を信じて、自分のために働いてほしい」と折に触れて発信しているメッセージの本質を、みんながきちんと理解してくれていると実感し、とても嬉しい気持ちになる。

巨大なシステムほど縦割りの組織体制になると思われがちだが、個人やチームを固定して縛るのではなく、垣根を超えて連携しやすい状態をつくることが大切だ。そのうえで、個人は自分が何をすべきか考え、自分を信じて全力を尽くす。その結果、組織の中に強い信頼関係が生まれる。

そうした信頼で結ばれたチームは、手強いトラブルに見舞われてもそれを切り抜けて、大きな目標を達成できる。一人でしみじみと祝杯を上げる成果もあっていいが、みんなで感激を分かち合う喜びは、何物にも代えがたいものだ。

「自分のために働く」ことは、一見、組織の論理と矛盾するようだが、けっしてそうではない。自己の成長に貪欲な人ほど、実は、組織に貢献していることが多いのではないだろうか。

もし、「強い個人を多く擁する組織と、チームワークに優れた組織のどちらがいいか」と問われたら、あなたはどう答えるだろうか。私は迷うことなく、こう答える。「強い個人が大勢いて、抜群のチームワークを誇る組織である」と。この2つを両立させることは不可能ではない、と考えるからだ。

「強い個が多すぎると個人主義が蔓延し、チームがバラバラになる」と心配する人もいるかもしれない。しかし、それをバラバラにさせないのが、私たち経営者の仕事である。だから皆さんには、組織の中で自分を埋もれさせてしまうのではなく、自分のこだわりを遺憾なく発揮して、自分のために働いていただきたい。

まとめ：「岩本流」組織との向き合い方

会社員であれ、公務員であれ、何らかの組織に属して働く人の仕事の悩みを掘り下げると、その多くは人間関係に突き当たるという。それぞれの年代や立場によって内容は異なるが、上司や同僚、時には部下との関係が最大のストレス要因になる。

しかし、ストレスは悪い働きをするばかりではない。よいストレス（快ストレス）と悪いストレス（不快ストレス）があって、適度なストレスは私たちの行動を活性化させて判断力を高め、やる気を引き出すとされる。つまり、私たちが生きいきと充実した人生を送るために、ストレスは欠かせないものということになる。

問題は、どうそれを管理するかだろう。苦手な仕事や気の合わない同僚から逃げることだけを考えていれば、不快ストレスがどんどん蓄積されることになりかねない。ストレスをあえて楽しみ、成果に結び付ける。アスリートが厳しいトレーニングで負荷をかけるのと同じで、そこには爽快感や達成感が伴う。

ただし、トップアスリートがそうであるように、強くなりたい、成長したいという、自分自身の内からふつふつと湧き上がる思いがなければ、それは単なる苦行になりかねない。言い換えれば、自分を起点とする確固とした思いがあれば、組織で生きるストレスはだいぶ管理しやすいものになるといえるだろう。

組織に埋没してしまっては、会社にも社会にも貢献することなどできないが、正論だけで組織の論理に向き合えば、早晩ポキっと折れることになる。だからこそ十文字の人間関係を深く広く築いて、嵐に負けない強い根っこを張りめぐらしてほしい。

「組織と向き合う」ここがポイント！

「組織には組織の論理がある。
それでもけっして
自分を諦めてはいけない。」

第4章

顧客と向き合う

本当のパートナーになる方法

誰もが顧客を持つ時代になった

「自分のために働く」という高い山に登るための3つ目のアプローチは、全身全霊を傾けて「顧客」と向き合うことだ。自分が何者で、何をするために生きて仕事をしているのかという自分の軸を確立するために、これほどふさわしいぶつかり稽古の相手はいない。しかも近年、顧客との関係性や、顧客という概念そのものが様変わりしつつある。

今日におけるビジネスの特徴の一つは、「誰もが顧客を持っている」ということだ。職種は問わない。人事だろうが経理だろうが、社内システムの保守・メンテナンスの担当者だろうが、それは変わらない。

顧客は、ビジネスによっては消費者のこともあるし、企業や公的組織のこともある。ただし、目に見える顧客が誰であっても、エンドユーザーという最終的なお客様がいる点は同じである。

これまでは営業や販売などを除き、顧客の顔を見ることもないまま仕事が成り立つ職種は多々あった。しかし、いまや顧客の存在を強く意識することなく働けるビジネスパーソンはいないはずだ。

なぜか。1つ目の理由は、競争環境が激化し、企業が「総力戦」で戦わなければならなくなっていることである。商品力はもちろん、CSR（企業の社会的責任）、品質管理、人材力など、あらゆる要素が比較の対象となり、競争の条件となる。だからこそ、間接部門を含む、あらゆる業務に携わる人に、顧客のビジネスパートナーとなることが求められている。

2つ目の理由は、インターネットの発展により、顧客接点が増えたことである。象徴的なサービスがオムニチャネルだ。「オムニ」（omni）とは「すべての」「あらゆる」といった意味である。いろいろなチャネル（販路、顧客接点）から顧客が購買できるよう、流通経路をつなげることを指す。店舗、イベント、ネット、モバイル……と、あらゆる場所で顧客と接点を持ち、取り込もうとする戦略は、業種を問わず一般的なものになった。

顧客接点の多様化は、ビジネスシーンにおいて、エンドユーザーの存在感を否応なしに高める。日々の仕事を通じて、その変化を感じている人は多いことだろう。

ドラッカーは、「われわれの事業は何かを知るための第一歩は、『顧客は誰か』という問いを発することである」と著書『現代の経営』（ダイヤモンド社）で述べたが、21世紀のビジネス社会では、彼の言葉が目に見える現象となっている。

とはいえ、顧客との距離が縮まりつつある時代だけに、悩ましい問題も起きやすくなる。それは、「顧客満足とは、追っても追っても逃げてしまう」というものだ。


たとえば、あなたがある会社からシステム開発を請け負い、100の要件をお客様から提示されたとしよう。すべて受け入れ、予算の折り合いをつけ、要件を完全に満たしたら、お客様は何と言うだろうか。

納品した当初は喜んでくれるかもしれない。しかし実際に導入してみると、「ここはもっとこうすればよかった」と思う箇所が必ず出てくる。そうなれば、自分たちの言われるままにシステムを開発したあなたへの不満が噴き出してくるはずだ。つまり、本当の顧客満足とは、お客様の言うなりになるだけでは生まれてこないのである。

だからこそ、

「そんな要件は不要なのではないか」

「もっといいアイデアがあるはずだ」

「そのオーダーの背景にある、お客様の真の悩みは何か」

「お客様自身が見落としている大事なポイントはないのか」

などと頭を働かせ、新しい視点や、あなたならではのこだわりを示さなければならない。自分たちだけで考え付くことを満たしてくれるだけなら、お客様としては、わざわざあなたや、あなたの会社に発注する意味はないのだから。

しかし、当然ながら採算度外視で顧客満足を追求すべきではない。不採算なのに相手の条件を仕方なく飲んだり、背伸びをして無理矢理スタートしたプロジェクトは、いずれ暗礁に乗り上げる。しかもそのツケは結局、お客様に回ることになってしまう。無責任な甘受は自分のためにならないだけでなく、何より顧客のためにならないのである。

お客様は神様なのか

そもそもお客様とは、何を置いても第一とすべき存在なのか。それを知るために、ここで歴史を遡ってみることにしよう。

顧客という概念は、紀元前3200年、古代文明・メソポタミアですでに誕生していた。この頃のメソポタミアからは、さまざまな職業を示す石板の古文書が見つかっている。そこには何と、120種類もの職業についての記述があったそうだ。人々が互いに得意な分野で腕を磨き、その成果を交換し合う。物やサービスを提供する仕事と、その恩恵を受ける顧客が存在していたことになる。ちなみに、この時代の「労働の対価」となっていたのは、麦だったという。

その後、紀元前500年頃には、都市国家・アテナイで、コイン（銀貨）が誕生。労働の対価として、多くの人の間で行き交うようになる。こうした貨幣の流通は、アテナイにさまざまな仕事を生み出し、分業も進んだ。私たち人類は、紀元前から「顧客」という存在と向き合っていたのだ。

紀元前時代の、サービス提供者と顧客との関係がどのようなものであったかはわからないが、ある世代以上の日本人であれば、誰でも知っているであろう「顧客との関係」を表す言葉がある。それは、「お客様は神様です」というもの。国民的歌手と呼ばれた三波春夫が、テレビで言ったことで有名になった。

ただし、特徴的なフレーズであるがゆえに、その真意は誤解されがちだ。「お客様の言うことは何でも聞かなければならない」という意味だと思っている人が多いかもしれない。だが、そこには別の真意も込められていた。のちに、三波春夫はこう語ったとされる。

「あたかも神前で祈る時のように、雑念を払って心をまっさらにしなければ、完璧な芸をお見せすることはできないのです。ですから、お客様を神様と見て、歌を唄うのです」

神や仏に奉納するがごとく、無になって芸を披露する。つまり、プロフェッショナルとして最高の仕事をするために顧客と対峙する気持ちを言ったもので、けっして奴隷のように言いなりになることを勧めているわけではない。

滅私奉公はやめよう

しかし、日本人にはこれがなかなか飲み込めない。何を置いてもお客様の言う通りにすべきだと思い込んでいる節がある。それは、「滅私奉公」という昔ながらの精神が、私たちの心の奥底に潜んでいるからではないだろうか。

滅私奉公とは、国家や君主などに対して奉仕する精神を指す。そこには私心や私情が入り込む余地はない。自分の利益、欲望を度外視して、目上の者に仕えるのが大原則である。高度経済成長期のモーレツ社員の印象が重なるせいか、時代遅れの間違った考え方と思われがちだが、私の考えは少し違う。４つの文字を、２つに分解して考えてみたい。

まず、後半の「奉公」という言葉。これは、けっして悪いものではない。辞書を引けば、「身を捧げて公に尽くすこと」とある。もちろん、君主や国家を「公」に置けば、封建的、全体主義といった批判も出てくるだろうが、「公」を公共や公益ととらえると、見方は大きく変わってくるはずだ。

人も企業も、自分さえよければいいという時代は終焉し、社会の一員としての意識「社会性」が求められるようになった。第1章で「ズームイン・ズームアウトの視点」を持つことの大切さについてお話ししたが、人や組織がそうした広い視点を持ち、社会性を自分の中に取り込むことで、真の「開かれた社会」が実現する。

一方、問題なのは、前半の「滅私」のほうである。私利私欲がないのは結構だが、ややもすると「私」そのものを失うことになりかねない。こだわりも自分なりの真実も捨てて、集団に埋没してしまっては、社会に貢献することも、顧客の信頼を勝ち取ることもできるはずがない。一人ひとりが自分を押し殺すことなく、成長のエンジンを燃やし続けるためにも、私たちはやはり、「自分のために働く」必要がある。

ちなみに、「滅私奉公」に代わるユニークな言葉「活私開公」を提言しているのは、公共哲学の第一人者で、長く東京大学で教鞭を執った山脇直司さんである。「他者との関係の中で、個人を活かしながら公共性を開いていく」という意味だそうだ。これからの時代にふさわしい考え方で、顧客とその先にある社会との本当によい関係を考えるうえで、大変参考になる。

そして、ここでも忘れてはならないのは、すべての起点は「自分」であるということだ。自分がなければどんな関係も築きようがない。「自分のために」と「お客様のために」は一見矛盾するようだが、けっしてそうではない。「顧客よし、会社よし、世間よし」、そして何より「自分よし」。そうした働き方を、私たちはしていく必要がある。

川をはさんでやり合ってはいけない

では、「自分のために」と「顧客のために」の両方を追求するにはどうすればいいのか。まず理解しなければならないのは、顧客と自分の間には、深くて大きい川が流れているということだ。

私がそれを痛感したのは、大きなプロジェクトのサブリーダーとして、システムのアーキテクチャー（構造）設計に責任を持たされた時のことだった。お客様との間にはしっかりとした信頼関係があったが、双方にとって過去に経験したことがない大プロジェクトであったため、さまざまな問題が発生した。

お客様とシステム上の要件を議論し、システムの動作機能の詳細である仕様を決めていくのだが、開発を進めるうちに、お客様の要望が十分に満たされないおそれがあることがわかった。そこで私は、要件定義に問題があることを、システム設計を家の建築に例えてこう説明した。

「システム設計はお客様の要望を十分に満たすように行います。しかし、お客様の要望を詳しく伺っても、その深さによっては満足いただけないことがあります」

その具体例として私が用いたのが、次の「ピアノ談義」だった。

『ある建築設計事務所が、アメリカから帰国した顧客の家を設計することになった。顧客の第一の要望は、広々としたリビングである。そこにグランドピアノを置きたいという奥様のため、設計担当者はピアノの重さに耐えるように床を補強し、壁に防音材を入れて、昼も夜も好きなだけピアノが弾けるようにした。
ところが竣工後、顧客から大目玉を食らった。ホームパーティを開き、奥様の弾くピアノに合わせて来客にダンスを踊ってもらったところ、リビングの床がぼろぼろに傷んでしまったというのだ。ダンス用の仕様にはなっていなかったのである』

「この話のように、設計のプロといえども、顧客から言ってもらわなければ、わからないこともあるのです」

そう説明した私に対して、お客様は次のように返してきた。

「そのエピソードで言えば、アメリカ帰りなら、リビングでホームパーティを開くのは普通のこと。ましてやピアノを置くのだから、ダンスをすることくらい想定できるはずだ。プロである以上、確認するのが当然ではないだろうか」

さて、この「ピアノ談義」を、あなたはどのようにとらえるだろうか。重要なのはどちらが正しいかではない。学ぶべきは、顧客の出す要件をただ「はい、はい」と聞いていてはいけない、ということである。

設計者は「グランドピアノを置きたいことはわかりました。耐荷重設計や防音設計はもちろんしますが、それだけでいいですか。他に何か考慮すべきことはありませんか」ときちんと聞くべきだったのだ。

こうした要件定義は、システム開発の世界において、現在でもほとんどすべてのプロジェクトで大きな課題になっている。いざ開発という後段になってから、仕様が十分でないとか、この仕様では現場が回らないといった大きな問題になることが少なくない。要件定義が十分議論されないまま設計に入り、開発が進んでしまうからだ。

もしも現場の運用が回らないとなれば、修正せざるをえない。だが問題は、どちらの責任で修正するかということだ。お客様と開発ベンダーのどちらか一方だけが責任を負うことは稀だが、仕様変更（追加）なのか、開発上の瑕疵とするのかで、意見が分かれることが多い。

基本的な業務内容、新システム稼働後の実際の運用状況、システムとして具備すべきキャパシティ、適用する新技術の適合性、総コストなど、設計以前に規定しなくてはならないことはいくらでもある。それは、新しくつくるシステムの全体像（スコープ）を規定する、極めて重要かつ困難な工程である。

ちなみに先のお客様との間では、「ピアノ談義」が定着したおかげで、その後の要件定義ではしっかりと双方の認識を合わせて、齟齬が生じないように進めることができた。雨降って地固まる、となったのは幸いだった。しかし、この一件だけを取っても、顧客と自分の間には大きく深い川が流れていることがわかるだろう。

「ここまで言ったのだからやってくれるだろう」「言われたことをやればいいだろう」、これでは埒が開かない。川の向こう側とこちら側でいくら向き合っても、同じ視点で問題解決に当たることはできないし、相手の立場や限界に対しても理解が深まらない。双方の立場や課題を超えてプロジェクトを遂行するためには、顧客と同じ川岸に立ち、同じ目線で対話する必要がある。

プロジェクトの進行に大きな課題が生じ、委託者と受託者の利害相反に陥ったような場合は、解決策の模索にも苦労する。仕様変更か開発上の瑕疵かもそうだが、プロジェクトの中止に追いこまれてしまうようなケースも起こりうる。立場が異なるのだから結論が平行線になるのもやむをえない。だが、こんな時こそ、川をはさんだ両側でやり合っては何も始まらない。同じ側に立って、相手の立場も十分理解しながら、こちらの言い分もしっかりと聞いてもらう。こんな人間関係ができないと、本当に不幸な結果で終わってしまうことになる。

その一方で、顧客との間には越えてはならない川もある。どんなに付き合いが長く、親しくなっても、顧客は友だちではない。プロジェクトの完遂までは立場の違い、すなわち果たすべき役割の違いをしっかりと認識し、緊張感を持って取り組まなければならない。そこを忘れると馴れ合いの関係が生まれ、甘えが生じる。

もちろん、プロジェクトが終われば話は別だ。私にも、生涯を通じたかけがえのない友人関係を築くことができたお客様が大勢いる。人生に深みを与えていただいたお客様には、感謝の言葉もない。

一緒にプロジェクトを遂行してくれた協力会社のメンバーにも、同じことが当てはまる。プロジェクトの途中ではさまざまな困難に直面し、立場の違いから厳しいことも言うが、それもプロジェクトを完成させるという共通の目標があってのことである。

プロジェクトが終了すれば、意思が通じ合う関係になれたことを、互いにしみじみと嬉しく思う。何十年にもわたって、会社の枠を超えたプロジェクトOB会が継続するのは、その何よりの証だろう。

足元を流れる川の存在はけっして忘れることなく、時に相手側に渡って、同じ目線で考え、話し合ってみる。顧客との関係は本当に難しくて、奥が深い。

「できないものはできない」と言う勇気

同じ側に立ち、同じ目線でやり合った挙げ句、時には泣く泣く顧客の要求を断らねばならないこともある。ここで、私自身の体験について語らせてほしい。

1985年、電電公社が民営化した年のことだ。大阪赴任から帰任した私は、すでにスタートしていた日本銀行の決済システム構築プロジェクトに加わることになった。複数の企業、数百人規模の技術者による、高難度かつ大規模な高速処理システムの開発がまさに行われていた。私が担当することになったのは、システム基盤、つまり、システム全体の構造設計である。

ところが着任してみると、プロジェクトは深刻な事態に陥っていた。まったくもって進んでいなかったのだ。理由は明白だった。顧客である日銀の要望を受け入れすぎていたのである。日銀サイドは、金融機関の最終決済インフラとして、システムに高い信頼性を求めていた。

同時に、当時として最新の決済インフラを構築したいという熱意が強く、従来手作業でやっていたことをすべてコンピュータ化することを要望していた。もちろん、その要望自体は合理的なものだったが、その結果、あれもやりたい、これもやりたいと、要件は肥大化する一方だったのである。

私自身、そのようなお客様の意欲を強く感じる場面があった。着任して2日目に、打ち合わせに出席した時のことだ。

日銀では中央銀行としての決済業務をシステム化するに当たって、どれくらいの手作業を現状では実施しているかという事務量調査を大々的に行っていた。それをもとに必要とされるシステムの処理能力を算出し、システム規模を議論することが、当日の議題だった。当方から一通りの説明をした後、まだ事態を十分に理解していなかった私は、次のような補足をした。

「一般的にシステム設計ではシステム特性を考慮して、ピーク日の第2ピーク時か、第2ピーク日のピーク時のトラフィックを予想し、そのどれくらいを処理可能にするかといった考え方をします。そして、それを超えるケースに対しては、例外ケースとして運用で対処するように考えます。これがコストパフォーマンスをよく考慮した設計の基本的な方法論です」

これは、当時としては至極真っ当な考え方である。ピーク時のトラフィックをすべてカバーするとなれば、システムによっても異なるが、通常時にはかなり余裕のあるシステムとなる。言い換えれば通常時はかなり無駄なリソースを用意することになり、コスト的には現実的ではない。しかし、私の発言が終わるか終わらないかのうちに、その会議に参加していた日銀のメンバーからいっせいに、次のような発言がなされた。

「岩本さんは着任して間がないからわからないかもしれないが、一般的なシステム設計では困る。日銀のシステムは金融決済の最終であるから、どのようなトランザクションも完全に処理されなくては困る。コストも大切だが、決済の完璧性のほうが重要である」

正直、これは大変なことになると思った。当時のコンピュータはかなり高価だったので、コスト要因を考慮してできるだけ合理的なシステム規模を模索し、稀に起こるピーク・トラフィックは、私が述べたように、運用などで対処するのが一般的だったからだ。

そして、私たちNTT側には、さらなる問題もあった。実は、基盤機器に採用したIBMの最新鋭のメインフレームの性能について熟知できていないまま、プロジェクトを進めようとしていたことだ。

それまでにも航空路のレーダー管制や社会保障システムといった国の基幹システム、あるいは全国銀行データ通信システム（全銀システム）やATMネットワークなどの金融の決済システムを多く手掛けていたが、そのほとんどは国産メーカーのメインフレームで、IBMのメインフレームを採用するのはこの時が初めてだった。

開発に取り掛かる前に、IBM製のメインフレームとこれまで使用してきた国産メインフレームの違いはきちんと調査していたものの、ログを取得するためのロジックや、「16メガバイトの壁」と呼ばれた性能要件に関するメモリー管理機能が、今回の開発でどのような影響を与えるかについて、完全に理解できているとはいえない状況だった。その結果、日銀側の要件が当時の技術的な限界を超えていたことも、十分にはわかっていなかったのである。

状況を把握した私は、すぐに最新鋭の機器の仕様を学び、日銀との交渉に真正面から挑んだ。まずはお詫びをし、「これまで、できると説明してきましたが、システム上の制約で、できないことがあります」と事情を説明し、代案を提示した。厳しいお叱りを受けたのは言うまでもない。その後しばらく、押したり引いたりの交渉が続いた。

しかし、そうこうしているうちに、日銀の関係者の間では、私の存在がちょっとしたニュースとなって広がっていったようだ。

「今度来た若い課長は、どうやら一本筋の通ったシステムエンジニアらしい。どうもシステムにはネックというものがあって、最新鋭のコンピュータをもってしても、何でもかんでも実現できるわけではないようだ」

こうして徐々にではあるが、私を信頼してくれる味方が日銀側に増えていった。そこで私が提案したのが次の代案だった。

システム化する取引のうち、リアルタイム性を譲れないものと、データベースをいくつも参照しながら答えを出すが多少遅くなってもかまわないものなど、トランザクションの特徴によっていくつかのカテゴリーに分けるという方法。これにより、システムネックを回避することが可能となる。

ただしそうなると、日銀側でどの取引を優先するか、という問題が生じる。各部門は、自分たちのものこそリアルタイム性が必要であり、最優先されるべきだと主張する。これを調整してくれたのが、システム規模を適正なものに収束すべきだという私たちの主張を理解してくれた日銀側のプロジェクトの責任者だった。

厳しい調整を余儀なくされたことは容易に想像がつくが、何とか社内をまとめていただいた。本当に頭が下がる思いがした。それ以来、ともに汗をかく中で、心から尊敬し、理解し合える同志の輪が生まれたように思う。

「できないものはできない」ときっぱり言い切る勇気が、時にはお客様との関係に活路を開くことがあるのだと、初めて知った経験だった。もちろん、その理由を明確に伝えなくてはならないことは、言うまでもないが。

顧客の期待を超えるとは

さまざまなプロジェクトに取り組んでみてあらためて思うのは、顧客満足（ＣＳ）とは、奥の深い概念であるということだ。絶対的な評価尺度があるというより、お客様の期待度と実際の満足度の差異に左右される、あくまで相対的なもののように思える。大して期待していないにもかかわらず、意外に対応がよかったりすると、「あれ、結構頑張ってくれているんだ」とＣＳは上がる。

ところが、頑張り続けていると、やがて意外性がなくなり、そこまでするのが当たり前に変わってくる。すると、常に努力して高いレベルのサービスを提供し続けているにもかかわらず、そのことへの評価が下がってくる。逆に、ちょっとしたミスでもしようものなら、一気に不満が噴出し、ＣＳは急低下する。

鉄道がそのいい例だ。日本の鉄道の定時運行率は世界でも類を見ないほど高い。海外からの旅行者は、３分間隔で時間通りに発車する新幹線を見て、「信じられない」と目を丸くする。しかしそれが当たり前になった日本人は、わずかでも遅れれば大騒ぎするし、５

分も遅れれば、ホームや車内にていねいなお詫びのアナウンスが流される。

「顧客の欲求に天井はない」。皮肉な話だが、これが現実だ。質の高いサービスに慣れた顧客は少しの不具合も許さず、提供者も何とかそれに応えようとするからだ。

NTTデータではサービス品質向上を目指して、かなり前からCS調査を実施してきた。営業も開発も運用もCSを上げるべく努力してきたかいもあり、数年前から10段階中7を超えるレベルまで来た。しかし、そこからなかなかアップしない。「CS調査の限界かもしれない」。そう思い始めていた時、顧客ロイヤルティ（CL）という概念を教えてもらった。

CLは、収益との関係性が低いと指摘されるCSに代わるものとして注目されるようになった概念である。顧客からの信頼や愛着などの評価に軸足を置いていることが特徴で、顧客は企業やその商品に愛着を感じて、繰り返しそれを求める。さらには、そのよさをほかの人にも推奨する。つまり、ファンになるということだ。

顧客から言われた通りに仕事をこなしているだけではCSは上がらないし、CSからCLに引き上げていく努力をしなければ顧客はすぐに離れていってしまう。自分が正しいと思うことをきちんと主張し、時には衝突も恐れずに顧客ととことんコミュニケーションを取る。そうすることで初めて、顧客からの真の信頼や愛着が得られるのだ。

本音で相談される人になる

目の前にいる顧客の表面だけを見ていては、顧客を熟知することはできない。自分には見せない顧客が抱えている問題、潜在ニーズ、会社で置かれている立場まで知らなければ、顧客の役に立つことができない。

顧客とて、一人のサラリーマンである。組織の葛藤と無縁ではいられない。社内のヒエラルキー、学閥、派閥もある。だからこそ、その人が組織の中で何を課題として与えられ、何を優先しようとしているかを理解したうえで、商品、サービスを提案してあげる必要がある。

ここで忘れてはならないのは、顧客にとって最も影響力を持つ人物（その人の直属の上司など）について精通しておくことだ。たとえば、営業担当者が提案を通そうとする場合は、相手がその上司に報告しやすいように、提案内容を工夫することである。

たとえ直接会うことがなくても、顧客の話を聞くうちに、その上司がどんなタイプか、どんな時にどんな指示を出すのかといったことが、だんだん見えてくるはずだ。そのうえで、「こんな提案内容、サービスなら、お客様の上司も喜んでくださる」と思えるような仕事をしなければならない。

そんな努力を続けていれば、そのうち、顧客に同志と思ってもらえるようになり、腹を割って話せる仲になる。

「この予算では開発の業務量が多すぎるので、少し要件を減らしていただけませんか」

「ええ、大変なことはよくわかっています。でも、いまの組織だとちょっと上に言いづらいんですよね」

といった具合に、本音の会話もできるようになるだろう。

いまから22年前の1996年、当社が立ち上げた、損害保険会社による生命保険ビジネス参入を支援する共同利用型システムSCRUMも、実はそんな関係から生まれたものだ。個人保険を中心とした基幹系業務を支える大規模システムだが、きっかけは、私にかかってきた一本の電話だった。

SCRUMのサービス開始から遡ること数年前、4月の桜がきれいな頃だったのを覚えている。ちょうど新年度ということで、お客様へのあいさつ回りをしている最中だった。電話の主は、某大手損害保険会社のシステム部長だった。

「ちょっと話があるから来てくれない？」ということで、さっそく、お客様のところに駆け付けた。会うなり彼は、「損保会社数社が共同利用できる生保業務システムの提案をしませんか」と切り出した。

当時、日本では「日本版金融ビッグバン」が始まろうとしていた。バブル崩壊後、停滞していた日本経済を大規模金融制度改革により再生させることを企図したもので、フリー、フェア、グローバルの3つの原則を掲げ、銀行、証券、保険の業態間の相互参入や、金利や各種手数料の自由化などの施策が行われた。その一つに、子会社を通じた生損保の相互参入があった。

ただ、大手損保とはいえ、1社単独で生保事業への新規参入のためにいきなり多額のシステム投資をするのは難しい。そこで考えたのが、スタートアップにふさわしい手頃な共同システム。すでに大手損保4社で、共同システムを利用することで合意しているという。その開発提案に向けて、日本のシステム会社だけでなく、海外の生保パッケージを有するベンダーも名乗りを上げていて、10社近くの競合案件となっていた。そこに、当社にもお声がかかったのである。
というのも当社は、損保各社間のデータ交換用のシステムを日本損害保険協会に提供していたこともあり、すべての損保会社のシステム関係者とはリレーションが深かった。また当社は、共同システムの開発実績が豊富であるだけでなく、どの企業グループにも属していないこと、いずれのメーカーのハードウェアでも使える中立的な立場であったことなどが評価され、声がかかったようだ。何より、損保業界のシステムを長年提供していた実績を評価して提案の機会をいただいたのだから、それに応えないわけにはいかない。

何かよい案はないかと試行錯誤した末に、当社が企業年金システムを構築した、ある大手生保のシステムを流用するという案が浮かんだ。先の開発で、その会社のプログラミング方針やコーディング方法を熟知していたからだ。

とはいえ、大手生保のシステムは巨大で、そのままでは、損保業界から参入してくるスタートアップ企業にはオーバースペックとなる。そもそも、その大手生保が首を縦に振ってくれるとは考えにくかった。既存の生保会社にしてみれば、新たに参入してくる損保会社のために、手間もコストもかけてつくった自社システムを、わずかな対価で提供する理由などない。普通に考えれば、敵に塩を送るようなものだからだ。

しかし、どう考えても、それ以外に当社が提案できそうなシステムはない。そこで断られるのを覚悟のうえで、親しくしていた大手生保のOBに正直に相談した。システム部門で活躍した後、情報子会社の幹部に転じていたその方は、「難しいかもしれないが話をしてみよう」と言ってくださった。しばらくして、意外にもOKの返事が返ってきた。

「ライセンスフィーも入るし、おたくと一緒に仕事すれば、システムを運用しているうちの情報子会社のビジネスチャンスも増える。長い目で見れば、きっとためになるはずだ」

と言って、流用することを認めてくれたのだ。

その後、コンペティションを勝ち抜き、共同システムの開発が始まったが、そこからが大変だった。ほかの損保会社も生保子会社を立ち上げる中、本当にこの4社の共同システムでいくのかがあらためて議論された。各社が重視する経営上の判断もあったが、予定通りの機能とコストとスケジュールで完成するかどうかがポイントだった。4社それぞれと突っ込んだ検討を行ったし、提供元の大手生保の方々にも大変な協力をいただいた。

そうしているうちに、損保4社、提供元、そして当社の実務的な検討メンバーの間には、それぞれの立場を超えた不思議な連帯感が芽生えていった。もちろんその裏には、それぞれの経営トップへの働きかけと、それによる信頼の獲得があったことは言うまでもない。

苦労の末にようやく開発工程に入ってからも、技術的な課題は山積していた。もちろん提案前に、十分なフィージビリティ・スタディ（実行可能性調査）はしたが、完全に見極められたわけではなかった。スタートアップ向けに不要な機能にふたをすることや、システムを構成するさまざまなハードウェア機器を、最新かつ適切な規模に置き換えることなど、解決しなければならない問題はいくらでもあった。

お客様とも、仕様決定までには戦場にいるような激しいやり取りを積み重ねていった。それでも、多くの優秀な技術者が集まり、会社を超えた連帯感の中で突っ走っていったおかげで、山積していた課題を一つひとつ着実に解決し、プロジェクトを完遂することができた。奇跡的と言っても過言ではない。

こうして無事、ＳＣＲＵＭが完成。お祝いのパーティ会場で、仲介の労を執っていただいた大手生保ＯＢの方が言ってくれた言葉はいまでも忘れられない。

「岩本さん、本当に大きな仕事をしましたね」

損保が生保の分野に参入するという一大規制緩和の潮流の中で、革新的なシステムを生み出したという達成感が自分の内からあふれるのを感じた。すべて、お客様と一緒に成し遂げたことだ。

お客様と互いに本音で語り合える関係を築くことができれば、嬉しいこともつらいことも分かち合えるようになる。それが時には、世の中を変えるような大きな仕事につながることを、この時私は肌で知ったのだった。

400年前の手紙が教えてくれたこと

自分なりのこだわりを武器に顧客と向き合えば、国籍や立場を超えて相手を説得できる。あらためてそれを強く実感したプロジェクトがある。

日本から欧米に向けた外交交渉が17世紀に行われており、その記録がバチカンに存在することをご存じだろうか。1613年、仙台藩士の支倉常長《はせくらつねなが》が慶長遣欧使節として託された親書がそれである。

仙台藩の初代藩主、伊達政宗からローマ教皇、パウロ5世に宛てたもので、メキシコとの貿易実現のために、同国の領主国であるスペインの国王（フェリペ3世）に仲立ちを願いたいこと、その見返りに仙台藩でのキリスト教布教を支援するので、宣教師を派遣するようにと、記されていた。

この使節派遣の目的は、徳川家康の欧米との交易を実現させたいとの思いを受けたものであるという説や、伊達政宗がスペインと軍事同盟を結び、さらには倒幕を企てるためだったなどの諸説が伝えられているが、私は以下の説が真実ではないかと思う。

使節団の出帆の2年前、1611年に、東北地方は未曾有の大災害に見舞われた。2011年3月の東日本大震災の記憶はいまなお生々しいが、そのちょうど400年前にこれと同等のマグニチュード8・0以上ともいわれる慶長三陸地震に襲われ、仙台藩は甚大な津波被害を受けたのである。大船渡の津波は高さ20メートルに達し、藩内の死者数は1783人に及んだという記録がある。石巻一帯は塩水に浸かったため、田畑も大幅に失った。

こうした藩の危機を受けて、「被災した藩を復興するために伊達政宗が、スペインをはじめ西洋諸国との直接交易を実現しようとした」というのが、使節派遣の真の目的だという説である。言うならば、壮大な震災復興プロジェクトだったのである。

仙台藩という一つの藩が、被災した領土の復興のために日本初のヨーロッパとの外交交渉を行ったという説に、私は驚きとともに深い感動を覚えずにいられなかった。親書に込められた政宗の決意、生き方、哲学をそこに見て取ったからである。

慶長遣欧使節は、フランシスコ・ザビエルや天正遣欧少年使節が使ったインド洋やアフリカ南端の喜望峰を通る航路ではなく、太平洋を横断しアメリカ大陸に至るという、発見されたばかりの航路を採った。西欧の当時最先端の技術を駆使して、わずか10カ月ほどで建造されたサン・ファン・バウティスタ号は月浦港（現在の石巻港）を出帆し、黒潮の流れに乗ってカリフォルニア沖を経て、南下してメキシコのアカプルコに上陸。そこから徒歩でメキシコシティに着いた後、大西洋を横断し、スペイン、ローマに至っている。

前例のない強大な異国との交渉、拓けたばかりの航路の採択。決死の覚悟も要したことだろう。しかし、伊達政宗の命を受けた支倉常長は、敢然とそれを決行した。

こうしてバチカンに親書は届けられた。その文面、そして芸術的なまでの和紙の美しさは、パウロ5世らを感嘆させたという。支倉常長の堂々たる態度、高潔な人柄も人々の称賛の的となった。その後、常長はローマ市公民権が与えられている。東洋のちっぽけな島国から届けられた一通の手紙。そこに読み取れる、伊達政宗という男の持つ強烈な個性と決意は、ローマの人々の心を揺り動かしたのである。

私の心が震えたのは、藩の復興をけっして諦めずに思い切った策に出た政宗の志そのものにもあるが、もう一つ、私たちＮＴＴデータが取り組んだあるプロジェクトが、４００

年の時を遡って、政宗の偉業に導いてくれたことである。

それは、2014年4月より参画したバチカン・プロジェクトがきっかけだった。バチカン教皇庁図書館に所蔵されている8万冊にも上るマニュスクリプト（手書き文献）をデジタル化しようという一大プロジェクトだ。その中に、「政宗の親書」が含まれていたのである。

しかも、その親書は2通あった。一つは、横長の金銀箔が張られた和紙に、縦書きで「伊達陸奥守政宗」と政宗直筆の墨書があり、花押が押されている。もう一つは縦長の和紙に横書きのラテン語が書かれ、その下には同様に、政宗直筆のサインが書かれている。これらを私が初めて見たのは、契約のためにバチカンを訪れた時のことだった。ガラスの額に入れられた400年前の親書を目の当たりにして、息が止まるような思いをしたことをよく覚えている。


このプロジェクトは幸いにして、世界中のITベンダーの中から当社が選ばれたわけだが、契約までの道のりはけっして順調なものではなかった。NTTデータは日本で国立国会図書館のデジタルアーカイブ事業などを手がけており、独自のソリューションも有していたが、それだけで簡単に決まったわけではない。それどころか交渉は一度決裂している。

だが、お互い本音で話し合い、このプロジェクトへの思いをぶつけ合った結果、最終的に相通じることができたのだった。

暗礁に乗り上げたプロジェクト

当初の事情を説明しよう。

バチカン図書館の希望は、人類の貴重な資産であるマニュスクリプトを単にデジタル化して保存したいということだけではなかった。デジタル化したうえで、インターネットで世界中に公開し、多くの研究者がわざわざバチカンに来ることなく、自分の研究室で自由に文献を研究できるようにすることが目的だった。したがって、バチカンには譲れない技術的な条件があった。

バチカン側が示した条件とは、ＦＩＴＳ（Flexible Image Transport System）という画像アーカイブ・フォーマットの採用だった。ＰＤＦやＴＩＦＦなどは現在、国際標準の一つとして世界中で使われている。しかし、特定のベンダーがつくったフォーマットは、ベンダーの趨勢や方針によって今後長く使い続けられるかどうかわからない。１００年後、

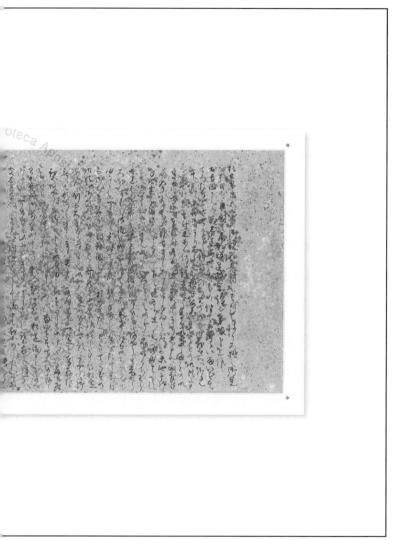

図表6　伊達政宗がパウロ5世に宛てた親書

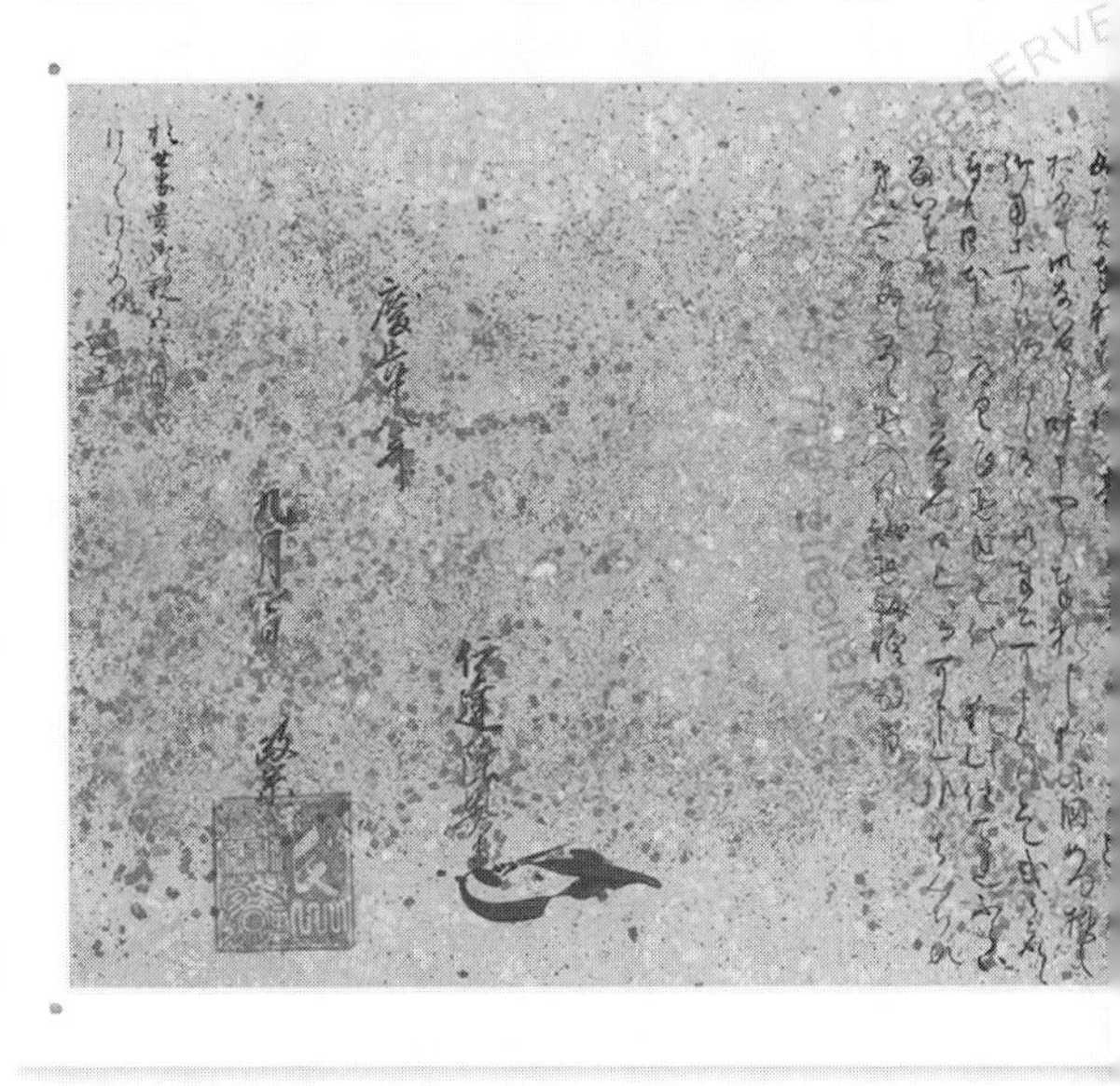

200年後には、廃れた技術となっている可能性もある。そうなればせっかくデジタル化したデータも最悪の場合、読めなくなってしまう。それをバチカンは懸念していた。

天文学の世界で使われ始め、世界中の多くの技術者が改良し続けているオープンスタンダードのFITSならば、その危険性はさほど高くない。全人類の資産ともいえる貴重な文献を預かるバチカンにとって、長期的な保存ができるフォーマットの使用は絶対に譲れない条件だったのだ。ところが当社以外のベンダーは、FITSが図書館のデジタルアーカイブで使われた実績はほとんどないことを理由に、現在の標準フォーマットを使用することに固執した。

一方、私たちの考えは違った。FITSフォーマットはこれまで扱ったことはなかったが、技術開発本部で調査したところ、対応可能であることがわかった。ただちにバチカンの要件を受け入れ、独自のシステム構築に落とし込む方針が決まった。

こういう時、欧米の大手ベンダーは自社製品の優位性を主張し、そこに顧客の要件を当てはめようとする傾向があるが、私たちの流儀はそれとは対極にある。

もちろん自社製品を使ったほうが話は早いし、実績のあるもののほうが技術面でのリスクも小さい。しかし、バチカンの要求が理にかなったものである限り、リスクを負ってでもＦＩＴＳフォーマットでプロジェクトを進めるべきだというのが私たちの判断だった。

現在主流のフォーマットがすぐに存在意義を失うとは思えなかったが、バチカンが懸念する１００年先、２００年先という、次元を超えた懸念点を払拭するために必要ならば、柔軟に対応する。顧客の要望をどうにかして実現しようと正面から向き合い、顧客に応じてカスタマイズをする。まさしく「日本流システムインテグレーション」といえるだろう。

ただ、バチカンと同様に、私たちにもどうしても譲れない条件があった。ビジネスベースでの事業モデルを導入することだ。民間企業である以上、サービスに対する対価を得るのが当然の要求だからだ。しかし、先方は事業としてプロジェクトを進めることの認識が薄いように思えた。

実はそれまでにも、多くの団体がマニュスクリプトのデジタル化を行っていた。たとえば、過去にはオペラ発祥の地とされるイタリアの音楽協会が、バチカンに所蔵されている手書きの楽譜をデジタル化している。しかし、対象は音楽協会が希望する楽譜のみで、それも単発的なものにすぎない。ほかにも企業などが行った前例はあるが、いずれも小規模で単発的なものであり、今回のような膨大な量の文献をすべてデジタル化するプロジェクトとはスケールがまるで違う。

検討すればするほど、ビジネスベースでの事業モデルでなければ絶対に成功しない、という確信が強まった。人類共通の貴重な資産を確実に未来に引き継ぐためには、必要な資金を手当てして、しかもスピード感をもって取り組む必要があった。

問題は、ビジネスベースという考え方をバチカン側がどれほど理解しているか、という点だった。カトリックの総本山であるバチカンでは、基本的に多くの事業が寄付や奉仕によって運営される。必要な物やサービスの購入などを別にすれば、有償の契約をすることが少なかったのである。

不安は的中し、話し合いは平行線をたどる。バチカンは当初、他の事業会社と同様に、NTTデータの寄付で進めてほしいと考えていたようだ。プロジェクト着手に当たっては本来、金額、期間などプロジェクト遂行に必要な事項を双方確認して契約書を取り交わすところだが、先方にはその認識が薄い。資金調達の方法も検討して提案したが、先方は首を縦に振らない。ビジネスとしての共通言語がまるでない。それが担当部長をはじめとする、当社のメンバーの率直な思いだった。

交渉は完全に暗礁に乗り上げていた。バチカンからも交渉打ち切りが示唆された。もはやこれまで、と誰もが思った。

バチカンの重い扉を開いたもの

ところが、最後の話し合いから少し日が経った2013年10月のこと。事態は急展開を迎えた。きっかけは担当部長のバチカンの再訪である。

残念ながら交渉はまとまらなかったが、「全人類の歴史的遺産を継承したい」という強い思いはバチカンもNTTデータも同じだった。せめて最後にもう一度その思いを伝え、これまでのお礼を述べようと、アポイントなしでバチカンを訪れ、現地の技術責任者に面会を乞うたのだ。

その責任者が率いる技術チームとは、プロジェクトの実現可能性に向けたさまざまな予備調査を一緒に進めて、信頼関係を築いていた。だが、何しろ急な訪問である。すぐには会えず、3日間、現地で面談の機会を待った。

そして4日目。ようやく面会がかなった。久しぶりに対面した責任者の口から洩れたのは、思いもかけない言葉だった。「本当は、あなたたちとやりたい」と、彼は言ったのである。

「まだチャンスは残されている」。そう確信した担当部長は、法務、財務、広報、グローバル部門のメンバーを結集。両者の間にある課題をクリアすべく、バチカンの法制度などについて徹底調査を実施。新たなビジネスモデルの検討、提案を何度も行った。

そしてついにバチカンも、これだけ壮大なプロジェクトを長期にわたって遂行していくには、ビジネスベースのモデルが必要なことを理解した。バチカンに当プロジェクト専用の基金を設立し、世界中にプロジェクトの重要性を訴えることで寄付金を集め、開発費用に充てるというビジネスモデルで同意することができた。その後も数カ月にわたって細かな条件交渉を続け、ようやくバチカン図書館からの承認が出たのは、2014年1月のことだった。

そこからさらにローマ教皇庁の決裁を仰ぎ、同年2月、正式に契約締結の運びとなる。8万冊のうち、まず3000冊のデジタルアーカイブ化を4年間で実施する事業を、1800万ユーロ（約23億円）で契約することができたのである。

バチカン教皇庁図書館長の承認を得て、どの文献にも先駆けてデジタル化を要望したのは、あの伊達政宗の親書だった。

プロジェクト契約の調印式に臨んだ際、私はあらためて当社が選ばれた理由を尋ねた。

「日本の国立国会図書館のデジタルアーカイブ事業などの実績があったため、プロジェクト参画の打診をいただいたと伺っています。最終的にはやはり、当社の技術力の高評価が選定につながったのでしょうか」

当社と何度も議論を交わしてきたバチカン図書館の技術責任者は、首を横に振った。

「いいえ、それが最大の理由ではありません。何といっても、あなた方は私たちの理念に賛同してくださった。ともに世界の遺産を永遠に保存し、それを世界中の研究者のために開放したいと、はっきりおっしゃったではありませんか。その熱意に深い感動を覚えたのです」

時に相手の主張に寄り添いながら、自分たちのこだわりを見失わずに信念を貫く。それが文化や価値観の壁を乗り越え、大きなプロジェクトをも動かすことを、あらためて知った瞬間だった。

NTTデータには、「情報技術で、新しい『しくみ』や『価値』を創造し、より豊かで調和のとれた社会の実現に貢献する。」という企業理念がある。一見難しいと思われるかもしれないが、多くの社員が本気でその実現を望んでいるところが、私たちの私たちたるゆえんである。ＩＴでどれだけ価値をつくり出せるか——それを自分に問いかけながら各人が日々の仕事と向き合っている。当社ならではのこだわりが、一人ひとりの中に根付いているのだ。だからバチカンとの交渉が暗礁に乗り上げた時にも、デジタルアーカイブ化が社会にもたらす価値を見失うことなく、障害を乗り越えることができたのだと思う。

ほどほどの距離ではもったいない

顧客と自分の間に流れる、深くて大きな川。それを乗り越えて同じ岸に立たなければわかり合えないこともあれば、越えてはならない川もある。これは、すでに述べた通りだ。しかし、この見極めは簡単ではない。

ウイン・ウインだ、互恵関係だ、と盛んにいわれたりもするが、そうしたきれい事では済まない局面もある。顧客との関係は本当に難しくて奥が深いがゆえに、上司や同僚よりも、関係構築が難しい相手だといえるだろう。

しかし、だからこそ顧客との関係は、実に多くの気づきを与えてくれる。第2章でも紹介したクリステンセン教授は、イノベーションは顧客洞察から生まれるとも説いている。顧客はあなたの仕事や言動のどこを評価して、信頼を寄せてくれているのか。あるいは何を不満に思い、どんなことを求めているのか。いまの自分自身とこれから先の伸び代を知るうえで、これほどよき評価者はそうはいない。

だからこそ、「ちょっと苦手だな」と思う人であっても、いや、苦手であればあるほど、しっかりと向き合うことを勧めたい。それも、相手との距離をできるだけ詰めてみることが重要だ。

初めはおそらく、落ち着かない気がするだろう。煙たがられているのではないか、これ以上接近すると気分を害されるかもしれないと、不安がよぎる。でも、そこがこらえ所だ。おじけ付いて後ずさりすれば、次に距離を縮めるのはもっと難しくなる。意見をぶつけ合うにしろ、同じゴールを目指すにしろ、懐に入り込まなければ話は始まらない。

顧客と向き合ううえで忘れてはならないのは、自分をしっかりと持ち続けるということだ。相手の顔色をうかがって変におもねったり、本当はもっと言わなければならないことがあるのに適当なところでお茶をにごした瞬間、顧客はあなたのことをビジネスパートナーとして認めなくなるおそれが高い。相手がよき顧客であれば、なおさらだ。

敬意をもって相手との距離を縮めて、全身全霊で向き合えば、顧客を通じてあなた自身の軸が浮かび上がる。ほどほどの距離で付き合うのでは、あまりにももったいない。

まとめ：「岩本流」顧客との向き合い方

クライアントとカスタマーは、日本語にすればどちらも顧客となるが、そのニュアンスは異なる。不特定多数を相手に商売をする、たとえばデパートや飲食店にとって、顧客はカスタマーであってクライアントではない。

一方、契約に基づいて依頼者の利益のために活動する弁護士にとって、依頼者はクライアントであってカスタマーではない。両者の違いはどこにあるのか。正確な言葉の定義はともかく、私は深い信頼関係を前提としているかどうかだと思う。

ちなみにクライアントの語源は、古代ローマの「クリエンテス」だとされる。パトロン（パトローヌス）と信頼関係で結ばれ、パトロンが保護を与える代わりに、クライアントは彼らの政治活動などを支援した。いまで言う後援者といったところか。ただし、信義（フィデス）にもとる行為があれば、パトロンとクライアントの関係は終了となる。

ＣＳもＣＬも、もちろん重要な概念だが、私自身が顧客との関係で常に重きを置いてきたのは、真心を込めて相手のために努めること、すなわち信義だったように思う。そういう意味では、私にとっての顧客は、やはりカスタマーではなく、クライアントだったといえるだろう。

さまざまな場面で、「どうすれば顧客の利益になるか」「何が正しい判断か」を考え抜き、それを全力で顧客にぶつける。返ってきたボールをこれまた全力で受け止めて、正しい答えに一歩でも近づくために思考を掘り下げる。何度もこれを繰り返すうちに、おのずと自分自身の軸が太く、ゆるぎないものになっていった。

顧客ととことんコミュニケーションを取ること、そしてどんな時も自分自身のこだわりを捨てないこと。「自分のために働く」ために不可欠なアプローチの一つである。

「顧客と向き合う」ここがポイント！

「顧客の信頼と向き合う時、
ほどほどの距離では
もったいない。」

第5章
時代と向き合う
変革者になる方法

イノベーションとは何か

いまどういう時代を生きて、これからどのような未来を迎えようとしているのかという時代認識は、自身の働き方や生き方を考えるうえで、とても重要な手がかりとなる。なかでも21世紀を生きる私たちにとって、デジタル・テクノロジーとそれを核とする今日的なイノベーションに対する理解は欠かすことができない。それは第1章でも述べた通りだ。

では、ここで皆さんにお聞きしたい。「デジタル」とは何だろうか。あらためてそう問われると、意外に答えにくいものではないだろうか。もちろん、アナログの対義語のデジタルとは異なる。私なりに定義すれば、デジタルとは、「SMACに、IoTとAIがかけ合わさったもの」となる。

「SMAC」とは、ソーシャルメディア（Social Media）、モバイル（Mobile）、ビッグデータ・アナリティクス（Big Data Analytics）、クラウド（Cloud）の頭文字を取ったもので、2010年代にITのインフラとして定着し、ビジネスを変革し続けているIT

の成長領域を端的に表した言葉である。このうちモバイルには、スマホのほかに、自動運転車やドローンなどが含まれるので、モビリティととらえるといいだろう。

１９９０年代初頭にも、現在のＳＭＡＣと同じように、「ネオダマ」というキーワードが盛んに言われた。ネットワーク、オープンシステム、ダウンサイジング、マルチメディアである。どれも当たり前になってしまい、いまではネオダマなどと言う人はいない。ＳＭＡＣも近い将来、そうなるかもしれない。

さて、このＳＭＡＣにＩｏＴが加わり、あらゆるデバイス（端末）がインターネットにつながるようになる。さらに、デバイスはただつながるだけではなく、進化するＩＴパワー、特にＡＩによりインテリジェント化し、人間が指示を与えなくても自律的に動作するようになる。「ＳＭＡＣ」＋「ＩｏＴ」＋「ＡＩ」。これが私の考えるデジタルである。

わかりやすい例が自動運転だ。世界各国の自動車メーカーは続々と、自動運転車の発売計画を公表している。２０１８年時点では加減速、ステアリング操作の両方をシステムがサポートする「レベル２」相当が主流であり、特定の場所ではシステムがすべてを操作し、緊急時にはドライバーが操作する「レベル３」相当の車も一部に現れている。しかし、２

020年頃には「レベル4」相当の自動運転車がかなり発売されてくると思われる。「レベル4」になればハンドルもペダルも不要となり、ドライバーの運転を必要としない。

しかし、自動運転車を実現するためには多くの課題もある。車自体の開発はもちろんだが、事故が起こった時の補償や、自動車保険が適用されるかどうかなど、各国の監督当局との調整が必要となる。法整備の問題も指摘されている。

さらに、社会がどう受け入れていくかという問題もある。日本では過疎地域の住民の移動に大きな効果があると考えられているが、現在の交通ルールや信号機などのトラフィック制御の問題もある。渋滞がひどくなるのか緩和されるのか、依然として未知の領域といってよい。


買い物風景も一変するかもしれない。ショッピングストアに入店してすぐ、いや入店する前から、携帯したスマホによって誰が入店しようとしているかが店側にはわかる。すると、過去のショッピング履歴からどんな商品を求めていたかが検索され、お薦めの商品を知らせるメールが、ポイントやサービスクーポン付きで送られる。

気に入った商品をカートに入れてレジで会計しようとすると、商品のICタグとレジが連動して買い物の合計額が計算される。それと同時に、事前に登録しておいたクレジットカードなどの電子的マネーの情報により、自動的に精算が完了する。もちろん、本人の確認・承認はきちんと行ってのことである。

こうした動きを長期的視点でとらえると、私たちが激動の時代を生きていることが理解できる。

人類は産業革命以降、機械によるさまざまな革新を成し遂げてきたが、その本質はあくまで定められたプロセスに従って動作する「自動化」であった。一方、いま起きているコンピュータがみずから判断して動作する「自律化」は、人類が初めて経験する世界である。未来学の権威、アルビン・トフラーが予言した、農業革命、産業革命に続く「第三の波」が、いままさしく到来している。さらに言えば、第4次産業革命が起こっているといえる。

そのインパクトは凄まじい。これまでの常識や既成概念は通じなくなり、新たなサービスや競争相手が思わぬところから現れる。そして、その変化のスピードは、従来とは桁違いだ。企業も個人も、従来のビジネスや働き方に固執するだけでは生き延びることはできない。イノベーションを生み出すための仕組みが、これまで以上に重要になっている。

そこでもう一つ、皆さんにお聞きしたい。「イノベーション」とは何だろうか。イノベーションという言葉を聞いて、どのようなものを思い浮かべるだろうか。

日本では「技術革新」と訳されることも多いので、最先端技術などをイメージする人もいるかもしれない。もちろん、イノベーションにはそういった側面もあるが、けっして技術革新だけに留まるものではない。


経済学の世界でイノベーションを初めて提唱したのは、オーストリア・ハンガリー帝国（現在のチェコ）生まれのヨーゼフ・シュンペーターとされる。初期の著書『経済発展の理論』（岩波書店）の中で彼は、イノベーションを「経済活動の中で生産手段や資源、労働力などを、それまでとは異なるやり方で新結合すること」と定義している。つまり、「新たな組み合わせ」がイノベーションの重要な要素ということだ。

ちなみにシュンペーターが唱える、イノベーションを起こす5つの分類を現代風に簡単に要約すれば、以下のようになる。どれもいささかも古びておらず、今日でもしっかりと通用する。

①新しい商品やサービス
②革新的生産技術

③新しい市場と販売チャネル
④新しい原材料
⑤新しい組織

のちにクレイトン・クリステンセンは、イノベーションを「一見、関係なさそうな事柄を結び付ける思考」と定義付けた。iPhoneやiPadなどの革新的な商品を世に送り出したスティーブ・ジョブズも、「創造とは結び付けることだ」という言葉を残している。

シュンペーターが約100年前に提唱して以来、多くの研究がなされてきた分野であり、さまざまな解釈があるので、これが正しい定義といえるものはない。しかし私も、新たな組み合わせ、すなわち「新結合」がイノベーションを生む重要な要素だと考えている。

自由な着想が壁を壊す

では、どうすれば新結合を実現できるのか。勤勉な皆さんは先端技術や最新の動向をキャッチアップしようと懸命に努力しているかもしれないが、残念ながらそのやり方では永遠にイノベーターとなることはできないだろう。

目指すべきは、技術の進化に追い付くことではなく、技術を追い風にしてみずから変化の先頭に立つことだ。実際のところ、今日ほどイノベーションを起こしやすい時代はないことを、いくつかのケースは雄弁に物語っている。


配車サービスアプリのウーバーを使ったことがあるだろうか。普通のタクシーのように電話をかけたり、来てもらう日時をあらかじめ決めて予約したりする必要はない。アプリをダウンロードし、車種を選んで、マップ上の乗車したい場所をタップするだけで車を呼ぶことができる。

その際、車が到着する時間や、目的地までのだいたいの料金のほか、ドライバーの顔写真、車両の現在地までわかる。クレジットカード番号を最初に登録するだけで、降車時には財布を出す必要もない。ウーバー側は顧客の利用特性（利用する曜日や時間、利用料金、利用距離、利用頻度など）もデータとして蓄積できるため、最近では料金設定の仕方にも変化が出ていると聞く。

サービスを提供するウーバー・テクノロジーズは２００９年、トラビス・カラニックとギャレット・キャンプがサンフランシスコで設立した会社だ。同社の事業は配車サービスに留まらず、レストランからのランチやディナーの宅配サービスなどにも広がっている。

こうしたウーバーの台頭は既存のタクシー業界の反発を呼び、パリ、ロンドン、ニューヨークなどでタクシードライバーたちによるデモやストライキが行われた。これに対してウーバー側は、タクシーを含む市場全体のパイを拡大したと主張している。もともとタクシーを使っていなかった層や自家用車を使っていた人、既存の交通手段がカバーしていなかったエリアなど、新たな需要を掘り起こしているというのだ。

従来の業種の壁を打ち破って参入する挑戦者がいる一方で、みずから異業種を取り込んで成長の限界を突破しようとする既存のプレーヤーもいる。

２０１２年４月に世間をあっと言わせたニュース、「デルタ航空による製油所買収」を覚えている方もいるだろう。当時のリチャード・アンダーソンＣＥＯが１億５０００万ドルを注ぎ込んで買ったのは、ペンシルバニア州フィラデルフィア近郊のトレイナー製油所だった。コストのかさむ燃料を自社供給できる体制を構築することで、収益率を改善する目的があったとされるが、航空会社が製油所を自前で所有して運営するという、前例のない経営に世界が驚いた。

この決断が正しかったのかどうか、現時点ではまだ結論は出ていない。当時高値をつけていた原油価格がその後大きく値を下げた結果、燃油コストは買収前とさほど変わらない状況が続いていて、多額の資金を投じた意味はなかったと見る向きもある。

しかし、産油国をはじめとする世界的な地政学的リスクは高まる一方で、同様の状況が今後も続けば、エネルギー市場の動向に振り回されることを嫌った経営判断が正しかったと評価される日が訪れたとしても、何も不思議はない。

いずれにしろ、いまの段階で確実に言えることは、当時のデルタ航空の経営陣が自社の業績を大きく左右する重大な不確実性について、前例にも固定観念にも囚われない革新的な取り組みを行ったということである。

日常の中にあるささやかな不満や満たされないニーズに注目し、この世になかったサービスを誕生させたウーバーと、航空業界という典型的な規制業種に属するデルタ航空は、ある意味で非常に対照的だが、「自由な着想」で新しい挑戦のページを開いたという点では共通している。

第1章で紹介した「NTTデータ・テクノロジー・フォーサイト」も、「自由な着想」をテクノロジーの面から現実の世界に生み落とすお手伝いができればという思いから生まれたものなのである。

デジタル・テクノロジーを味方につける

ちなみに、ウーバーのような革新的スタートアップ企業は、「デジタル・ディスラプター」と呼ばれる。クリステンセンは、既存のビジネスを破壊（disrupt）する新たな勢力のことを「ディスラプター」と呼んだが、その21世紀版ともいえるニュータイプが、デジタル・ディスラプターである。

その特徴はデジタル・テクノロジーを最大限に活用している点にあり、「モノがモノを駆逐する」という従来型の破壊モデルから、「情報とテクノロジーが、モノやサービスに取って代わる」という新しい破壊モデルを示した。これまでの何倍、何十倍ものスピードとインパクトをもって新しい商品やサービスを普及させ、産業構造や競争原理を根本から覆していく。ウーバーはその象徴的な存在の一つだ。

ちなみに、ウーバーが活用するデジタル・テクノロジーの主役は、パブリッククラウドとスマートフォンの2つである。創業時から低コストのパブリッククラウドをフル活用することで、初期投資を徹底して抑えると同時に、ごく短期間でサービス開始にこぎ着けた。

「車を所有せず、利用する社会」を提案する企業らしく、みずからもリソースを所有しない柔軟な環境を強みにしている。

また、彼らのサービスを利用するには、アプリを動かすGPS機能がついたスマートフォンが欠かせない。アメリカのスマートフォンの普及率は2016年時点でほぼ8割に達しており、これがウーバーの利用拡大を後押ししていることは明らかだ。

ただし、誤解してはならない。彼らが成功した理由は、デジタル・テクノロジーをうまく活用したからだけではない。そこには、先に述べた自由な着想があった。だからこそ、配車サービスのみならず、宅配サービスなどの他分野にまで広がり、「ウーバライゼーション」とも呼ばれる現象を巻き起こすことができたのだ。

自由な着想と、最先端のデジタル・テクノロジー。「第三の波」による情報革命のただ中にあっては、この2つのどちらが欠けてもイノベーションを実現することはできない。

変革者に不可欠なマインドセット

イノベーションが起きにくいといわれることもある日本だが、過去を振り返ると、数々の日本企業が新たな組み合わせによるイノベーションを起こしている。そうした日本発のイノベーション事例をひも解くと、イノベーションを起こすためのカギは「マインドセット」にあることがわかる。

ソニーのウォークマンと言えば、知らない人はいないだろう。1979年に発売されると、「音楽を携帯する」という新たな価値を提供し、瞬く間に世界中で受け入れられた。「歩きながら聴けるステレオのカセットプレーヤーがあったらいいと思うんだが」という井深大名誉会長（当時）の要望に、盛田昭夫会長（同）も賛同し、ソニーが有していた高い技術力によって、録音機能を外して再生専用にし、超軽量のヘッドホンをセットで実現した。

「ウォークマン」というネーミングと、若者をターゲットにした4万円を切る値付け戦略が功を奏して、この名機は世界中で爆発的なヒットとなった。これまでの常識に囚われず、自由な着想と先端テクノロジーが結び付いた時、歴史的なイノベーションが生まれるのである。

私たちNTTデータにも、イノベーションに取り組んできた歴史がある。その一つの成果を、ANSER（Automatic answer Network System for Electronic Request）に見ることができる。

ANSERは、さまざまな金融取引（残高照会や入出金明細の連絡、口座からの振込・振替など）を金融機関の窓口やATMに行くことなく、自宅や外出先から利用できるサービスを提供している。

電電公社時代の1981年に、地方銀行向けの固定電話を使った残高照会の音声通知サービスからスタート。その後、取引内容を徐々に拡大し、ファックス、PC、インターネット、携帯電話など、新しいメディアにも対応することで進化を続けてきた。現在では、日本の金融サービスを支える社会インフラとして定着している。

ANSER誕生までの道のりは苦難の連続だった。実はその少し前に都市銀行がプッシュホン向けの音声応答システムによる「音声照会通知サービス」を開始していたのだが、多額の投資が難しい地方銀行では導入の目処が立っていなかった。

しかも当時のプッシュホンの普及率は1割に満たない。つまり、先行した音声照会通知サービスは、都市銀行に口座を持ち、プッシュホンを利用する、一部の限られた人しか利用できないサービスだったのである。

これは、あらゆる人に平等にサービスを提供することを旨とする電電公社としては、とても看過できない事態だった。そこで、ダイヤル式の電話にも対応するため、まだどこも本格的には実用化できていなかった音声認識システムを採用することにした。それも、いわゆるコンピュータの声ではなく、人間の自然で明瞭な音声で対応するという、極めて野心的な目標を掲げた。

問題は、技術面だけではなかった。地方銀行の負担をどうすれば軽くできるかを検討した結果、単一行ではなく、複数行で共同利用するシステムを採用する方針が固まった。通話ごとではなく、「一回線いくら」という当時の常識とは異なる料金体系を取ったのも、銀行が予算化しやすいように配慮したものである。

こうした挑戦のほとんどが、初めは周囲から「無理だ」「できない」と言われたものだった。しかし、そうした制約にこそチャンスがあると、当時のプロジェクトメンバーたちは考えた。必死に突破口を探し、試行錯誤を繰り返した結果、ついに高い壁を乗り越えることに成功する。

現在500以上の金融機関に採用されているANSERは、彼らをはじめとする代々の担当者たちの制約に囚われない自由な着想と、その時々の先端テクノロジーが、高い次元で組み合わさった結果生まれたイノベーションだったといっていいだろう。

ソニーのウォークマン、当社のＡＮＳＥＲ、２つの日本発のイノベーション事例を紹介した。では、これらの背景にある自由な着想は、どのようにして得られたのだろうか。

２つのケースに共通するのは、「これがほしい」「こういうことを実現したい」という強い思いである。そこには、仕事なのでやらなければならないといった受け身の姿勢や、この程度なら問題なくできるはずだといった、既存の枠組みの中に留まった発想は見られない。強烈なウォンツに突き動かされたからこそ、どんな障害も結果的にではあるが軽々と乗り越え、制限のない自由な着想ができたのである。

イノベーションのエンジンは常に自分自身の中にあること、そしてそれは失敗を恐れずに挑戦する思考様式によって動かされることを、過去の変革者たちが教えてくれている。

共創する力

２つの日本発のイノベーション事例も、ウーバーのような世界発のイノベーション事例も、その本質は変わらない。ただ一つ違いを挙げるとすれば、それはやはりテクノロジーの進化をめぐる圧倒的なスピードの差異だろう。エクスポネンシャル（指数関数的）な発展を遂げるＩＴにより、変化のスピードは劇的に速まり、産業構造や競争のルールさえも再定義されようとしている。

こうした状況にあって、一社だけで真に革新的なサービスを生み出すのは容易ではない。さまざまな強みを持った外部組織との連携の仕組み、いわゆる「エコシステム」を構築することも重要だ。互いの強みを掛け合わせることで、変化のスピードを上げ、既存の枠組みを超えることが可能となる。

そのための有力なアプローチとして注目を集めているのが、資金力や高い組織能力を持つ大企業と、時代に俊敏に反応する斬新な発想やテクノロジーを持つベンチャー企業とのコラボレーションである。

ＮＴＴデータでも、２０１３年から、ベンチャー企業との連携による新規ビジネス創発活動を行っている。オープンイノベーションをキーワードに、組織の枠組みを超えて社内外から広く知識、技術、人脈を結集し、新規ビジネスの創発を目指すフォーラム「豊洲の港から」がそれだ。ベンチャー企業、ＮＴＴデータの顧客、そしてＮＴＴデータの３者がウイン・ウイン・ウインの関係となるような新規ビジネスの検討を続けている。

社外からは大手企業やベンチャー企業、ベンチャーキャピタルを合わせ３０００人強の方々に登録いただき、当グループからもテーマごとに高い専門性を持つ社員約１７００人が登録している。

この「豊洲の港から」では、定期的にビジネスコンテストを開催しているが、その第１回で最優秀賞を受賞したのがフィンテック関連のベンチャー企業、マネーフォワードだ。ベンチャーといっても、その時点で個人資産管理サービスの分野で国内２５０万人への提供実績を持つなど、勢いのある伸び盛りの企業であった。そのマネーフォワードが、ビジネスコンテストの「ともに世界を変えていこう」というコンセプトに賛同し、提案をしてくれたのである。「いろいろ壁はあると思いますが、私たちの個人資産管理サービスとＮＴＴデータのサービスをつないで、より多くの人たちにとって価値のあるサービスを創りませんか」と。

マネーフォワードのサービス利用者が、入出金明細や口座残高などの銀行取引データを取得してより高度なサービスを享受するためには、インターネットバンキングのＩＤとパスワードを事前にマネーフォワードに登録する必要がある。だが、これに抵抗を感じる利用者も少なくなかった。

そこで、検討されたのが前述のＡＮＳＥＲを活用することだった。これにより利用者は、ＡＮＳＥＲを利用する銀行が提供するマネーフォワードのアプリを使えば、インターネットバンキングのＩＤとパスワードをマネーフォワード側に登録することなく、銀行取引データを自動取得することが可能となる。マネーフォワードにとっても、各金融機関の仕様に合わせた個別開発をせずに、セキュリティ向上とコスト削減が同時に実現できるメリットがある。

さらには、フィンテックの利用をきっかけとして顧客のインターネットバンキング利用を促進できるため、金融機関にもメリットがある。そこで、まずはファーストユーザーとして静岡銀行に採用していただき、入出金明細や口座残高の確認など照会系業務の連携から始めた。

フィンテックベンチャー、金融機関、ＮＴＴデータの関係者が一丸となってもろもろの壁を乗り越えた結果、国内初となるフィンテックサービスとインターネットバンキングの連携サービスを開始することができたのである。

こうしたデータやプラットフォームの連携によるサービス展開は、大きなメリットが生まれるとして、国も検討を始めている。その領域は金融に限らず、モビリティ、バイオ、ものづくりなど多岐にわたる。社会課題の解決と国の産業競争力強化につながる大きな一歩に、私たちが関わった意義は大きいと考えている。

みずからの力を過信することなく、軽やかで柔軟な姿勢で多様なプレーヤーと連携して共創を図るのは、新しい時代のイノベーションのあり方といえる。それは、組織や企業だけに限った話ではなく、私たち一人ひとりにも同じことがいえる。

本書では、自分を信じることの大切さを語ってきたが、そこに過信やおごりがあっては人は成長することができない。自身を取り巻くさまざまな人と向き合い、競争ではなく、共創をする。そうすることで、自分一人ではけっして成し遂げられないような成果を手にすることができる。

そしてそれは時に、世間をあっと言わせるようなアイデアをもたらし、イノベーションを起こすことも可能にする。あなた自身がイノベーターに変わる瞬間がやってくるのだ。

NOをNEWに変える

次々に生まれる技術、変化する環境――社会の未来を予測し、変化に対応しなければ企業の未来はないだろう。極端に言えば、経営とは「環境適応業」と同義ともいえる。

経営者は企業を発展させるため、売上げがいくら、営業利益がいくらとゴールを定めるが、そこにたどり着くまでには、実にさまざまな障壁がある。障壁を乗り越え、ゴールのテープを切るためには、ルールは遵守しながらも、あらゆる手段を駆使しなければならない。常に、環境の変化をいち早く察知し、未来を予測し、かつマネジメントすることが求められる。

とはいえ、変化に対応するだけではイノベーションはけっして生まれないのも事実だ。むしろこれからの時代は、変化に対応するだけではもはや十分ではない。みずから革命を起こし、変化の先頭に立つことが求められているのである。

イノベーションというとどうしても、会社や特定の部門といった組織が向き合うものととらえ、自分にはあまり関係がないと思う人もいるかもしれない。しかし、そうではない。組織の世紀が終わり、個の世紀ともいえる新しい時代に入ったいま、イノベーションの主役は私たち一人ひとりである、と言っても過言ではない。

ただし、イノベーションを大げさにとらえる必要はない。シュンペーターやジョブズが言っていたように、イノベーションとは、シンプルに言えば「新たな組み合わせ」である。

何もないところから何かを生み出すのは非常に難しいことかもしれないが、「既存のものをとらえ直し、新たな組み合わせを考えればいい」――そうとらえれば、イノベーションは手の届くところにある。そう思えてはこないだろうか。

そんな時に大切にしたいのは、「こんなものがあったらいいのに」というシンプルな思いだ。「できないことを、できるようにしたい」、言わば「NOをNEWに変える」ための工夫そのものが、イノベーションだといえる。そしてその「NEW」は、すでにあるものを違った角度からとらえ直すことで生まれたりする。

本章で紹介した「自由な着想」をけっして忘れることなく、さらにそこに、時代の恩恵ともいえる「テクノロジーの進化」を少しだけ取り入れる知恵さえあれば、誰もがイノベーターになる可能性がある。むしろ、時代の変化を楽しむ、その余裕こそが、私たちにいま一番必要なことなのかもしれない。

まとめ：「岩本流」時代との向き合い方

時代と向き合うための第一歩は、いまという時代を自分なりに正しく認識することである。そのためには、歴史をある程度は知っておかなければならない。過去のある時代と似ているのか、違っているのかといった視点は、時代認識のための重要な役割を果たしてくれる。

たとえばコンサルタント会社ユーラシア・グループのイアン・ブレマー代表は、覇権国家が存在しない「Gゼロ」の到来を指摘した。それはG7やG20といった主要先進国が国際社会を主導していた時代との違いに着目したものである。一方で「新冷戦」のように、似ている様相やシステムに焦点を当てる時代認識の方法もある。

ただし、時代認識の目的は研究者でもない限り、一つに絞られるだろう。それは、先を見通し、自分がなすべきことを知るためだ。政治家なら国を導くため、経営者なら企業を成長させるため、そして働く皆さんならば、変化の先頭に立ってイノベーションの担い手となることが、究極の目的になるはずだ。

覇権国家が存在しないGゼロの世界では、パワーの分散が起こる。かつての超大国に代わって、新興国やNGOなどの組織、企業、そして個人らが何の障害もなく自由にネットワークでつながり、そこにパワーが生まれるとされる。すでに皆さんも、権力者と従属者のようなわかりやすい二分化が、当てはまりにくくなっていることを感じているのではないだろうか。

これを私たちの働き方に置き換えれば、上位下達の組織構造の中で、言われるがままに仕事をこなせばいい時代ではないと読み解くことができる。一人ひとりが「軸」を持って、仲間と相互に作用しながら、より大きなこと、価値あるものを生み出す。こうした時代に生きること、働ける喜びを、私たちはもっと素直に受け止める必要がある。

「時代と向き合う」ここがポイント！

「技術や時代の変化を恐れる必要はない。時代を変える原動力は、自分自身の中にある。」

第6章

プロフェッショナルになる

「自分のために働く」を実現する

プロはどこにいるのか

ここまで、「自分」「組織」「顧客」「時代」の4つと向き合う方法を述べてきた。そうすることで、こだわりを磨き込み、自分だけの真実を見つける。それが「自分のために働く」という高い山に登るための、最も有効なアプローチだと私は考えている。

ただし、その道はなだらかではないし、見通しも良好とはいえない。こんなしんどい思いをするなら、何かに流されながら「誰かのために働く」ほうが楽に生きられるかもしれない。そんな誘惑が、あなたの心をとらえることもあるだろう。

だが、その困難な道をあえて選んだ先には、素晴らしいごほうびが待っている。それは「プロフェッショナルになる」ということである。

デジタル・テクノロジーがもたらす革命により、産業構造や私たちの働き方は大転換しつつあるが、そうした中にあっても、プロフェッショナルという存在は、誰もが認める価値を提供し続けることができる。言い換えれば、こだわりを貫き通して、自分のために働きたいなら、あなたはプロフェッショナルになる必要があるということだ。

ところで、「プロフェッショナル」という言葉から、何をイメージするだろうか。

NHKの人気番組『プロジェクトX 挑戦者たち』や『プロフェッショナル 仕事の流儀』に登場した、伝説のエンジニアや職人などを想起する人もいるかもしれない。たとえば、世紀の難工事といわれた瀬戸大橋の架橋に挑んだ技術者、ゴッドハンドを持つ外科医、南極観測越冬隊で隊員たちを励まし続けた隊長、若手アスリートの育成に情熱を賭ける元オリンピック陸上選手といった面々だ。

彼らが活躍する舞台は、ドラマチックな大規模プロジェクトや、神業的な技能を披露する場だ。「プロフェッショナルとは特別な人」というイメージがあるのは、こうした番組の影響かもしれない。だが、プロフェッショナルというのは、何も華々しいものばかりではない。

私はかつて『プロジェクトX』のプロデューサーから直接、放映後に寄せられる反響について話を聞いたことがある。視聴者が感動するのは、何も有名な主役の活躍ばかりではないという。浅間山荘事件など記憶に残る大事件や、東京タワーの建設などの大きなプロジェクトの裏側で、自分の役割を見事に果たして輝いた名もなき主役たち。そうした人の姿も多くの人が心を動かし、感想が寄せられるそうだ。

テレビに取り上げられるまでもないが、私たちのもっと身近なところにも、プロフェッショナルは大勢いる。

たとえば、私が何十年も通っている老舗の理容室。特に決まった人にお願いしているわけではないので、いろいろな理容師さんが代わるがわる担当してくれる。できあがりの形はそれぞれ少しずつ違うが、感心するのは誰もがきっちりと私が満足するように仕上げてくれることだ。どの人もわずか40分ほどの時間の中で、みるみるうちにカット、シャンプー、髭剃りを済ませ、きれいにセットアップしてくれる。お客一人ひとりの頭の形、髪の生え方、髪型の好みは全然違うにもかかわらず、である。

こうしたプロの技は、街のあちこちで見ることができる。カウンター越しに見事な手さばきを見せてくれる鮨職人もそうだし、タクシー運転手の中にもプロフェッショナルがいる。大事なアポイントがあるのに、大渋滞で絶対に間に合いそうもない。そんな時、ベテラン運転手がカーナビの教えてくれない抜け道をくぐり抜けてくれたおかげで、何とか定刻までに送り届けてもらった経験はないだろうか。

そういう時に限って、感謝の言葉もそこそこに、急いで料金を払って車から飛び降りてしまうが、仕事が無事に終わって一息ついた後、その運転手さんにあらためてお礼を言いたい気持ちになる。ピンチを救ってもらったという、料金以上の仕事をしてくれたことへの感謝である。

これらは一例にすぎないが、腕前や経験はもちろんのこと、勘や機転を利かせることができるといった、あらゆる能力を兼ね備えたプロフェッショナルはどこにでもいて、それぞれが自分なりにプロとしての道を歩んでいる。身近なプロフェッショナルの技の奥深さ、仕事への真摯な姿勢に気づく時、人は彼らを心から称賛するものだ。

プロフェッショナルを私なりに定義すれば、人に感動を与えられる存在となる。真のプロフェッショナリズムは、どんな富や名声よりも人々の心を惹き付け、尊敬の念を呼び起こす。そして、私たちはどんな立場にいようと、どんな仕事をしていようと、誰もがプロフェッショナルになることができる。

その道一筋はもう通用しない

その昔、プロフェッショナルとはもっとわかりやすいものだった。各自の役割、目標はあらかじめ定められており、一人ひとりがみずからのミッションについて頭を悩ます必要がさほどなかったのである。

しかし、時代は変わった。現代の私たちの仕事は複雑に変化し、とりわけ組織に属していると、なかなか「その道一筋」に歩むことができない。組織の形や目的そのものが急速に移り変わるため、そこにおける個人の役割もまた、変化せざるをえないのだ。

たとえば人事の仕事。少し前までは海外での事業展開の加速や急増するM&Aに対応するために、グローバル人材の育成に躍起となっていた。しかし、最近では制度や業務プロセスそのもののグローバル対応へと眼目がシフトした。

営業もそう。従来は顧客のところにまめに顔を出し、人間関係を築くことで成り立つリレーション営業が重要視された。しかし、最近ではどこの業界でも課題解決型のソリューション営業に力を入れるようになった。さらに顧客ニーズの把握や商品・サービスとのマッチングがAIやビッグデータの解析によって自動化されることで、近い将来、セールスパーソンにはより高度なスキルが求められるようになると考えられる。

技術の進歩は、あらゆる知識技能を陳腐化させる一面も持つ。たとえば、かつて企業の基幹業務処理を支えたメインフレームが、「レガシー」(過去の負の遺産)、「滅びゆく恐竜」などと呼ばれるようになり、ＵＮＩＸやＷｉｎｄｏｗｓサーバーに置き換えられる「オープン化」という現象が発生した。メインフレームこのように呼ぶのは必ずしも正しい認識とはいえないが、結果としてオープン化は進み、かつては大量に確保しなければならなかったメインフレームのスペシャリストも、需要が減少した。

こうした破壊的技術の台頭は、あらゆる職業に影響を及ぼすと予想されている。ジャーナリストはソーシャルメディアに、弁護士や会計士はビッグデータ解析に、教師はオンライン教育といった具合に、「職業」がＩＴによる「サービス」に取って代わられる時代が訪れようとしているのだ。

そんな時代に自分のなすべきことを見据え、プロフェッショナルであり続けるには、何をすればいいのか――。

型を押さえる

仕事のやり方や向き合い方、さらには仕事の概念そのものを劇的に変えてしまうような破壊的技術にはどう向き合えばいいのだろうか。一つの技術や専門知識に留まっていては、いずれ居場所をなくすことになる。進歩に追いかけられるのではなく、みずから追いかけて、真のプロフェッショナルに近づく足がかりにするくらいの気概がほしい。

まずは、自分の仕事に関連する分野、関心のある分野を勉強してみることだ。

たとえばAIに関してなら、

「どんな技術を使って、機械学習させるためのデータを収集しているのだろう」

「AIの暴走を防ぐことはできるのか」

といった素朴な疑問を足がかりに学んでみるのもいい。

専門の技術者になるというなら話は別だが、王道といわれるような参考図書を3冊も読めば、ごく基礎的な仕組みは理解できるに違いない。そこからさらに専門誌を読んだり、セミナーに足を運ぶなどして、知識の幅を広げていく。後はそれを整理し、自分なりのフレームワーク(思考の枠組み)がいくつかできたらしめたものだ。

「AIは先端技術だし、専門外だから……」などと言って、はなから敬遠する必要はない。食わず嫌いを克服するきっかけは案外、身近なところにあったりする。たとえば、その技術が誕生した当時や語源に遡って調べてみるのもいいだろう。

ちなみに、ＡＩという言葉が使われるようになったのは、１９５６年のダートマス会議から。この会議では、数学の定理証明を行う世界初のＡＩプログラムが発表されたという。ただし、ＡＩの概念自体は、この時突然生み出されたものではない。１９３６年にコンピュータの概念を初めて理論化したとされるアラン・チューリングや、１９４９年に現在のコンピュータの基礎となるノイマン型コンピュータを開発したフォン・ノイマンが夢見て研究したのも、「機械によって知能を創り出すこと」だった。つまり、コンピュータ研究の歴史そのものが、ＡＩ研究の歴史と重なると見ることもできる。

また、先のもう一つの素朴な疑問、「どんな技術を使って、機械学習させるためのデータを収集しているのだろう」で言えば、人間の目や耳に代わるセンサーや各種のメディアが挙げられる。音声認識や画像認識、自然言語処理の技術などを使ってさまざまな事象・現象を検知し、そこから有益なものだけを抽出して処理する。そう言われれば、ＡＩという難解そうな分野の中にも馴染みのある技術が使われているのがわかり、ぐっと身近に感じられるはずだ。

このように、必要なのは最新の知識そのものではなく、どんな新しい知識であっても、自分なりに翻訳し、理解する力なのだ。ただしそのためには、ベースとなる「型」をきちんと押さえていなければならない。

たとえば前述のメインフレームについても、その本質的な動作原理やプログラミングに必要なコンピュータの設計ノウハウなどの原理的な要素は、オープン化された世界においても変わることがない。ベースとなる基礎技術をしっかりと理解しておくことは非常に大切なことなのである。

ちなみにNTTデータでは、新入社員は全員、エンジニアに不可欠な「型」ともいうべきプログラミングの基礎を学ぶ。データの構造、開発言語やアルゴリズムといったものだ。たとえエンジニア職に就かなくともそれらがベースとなり、新しい技術が出てきた時にも、どの点が新しいのかなど、おおよその見当がつくようになる。

逆に言えば、どのような分野であれ、こうした「型」をおろそかにしている限り、成長は望めない。実は、それを端的に表す言葉が、武道や伝統芸能の世界にある。その道を究めるための極意とされる「守破離」である。

「守」とは、師匠から教えられた型、技を忠実に真似て身につけること。「破」とは、別の流派などについて学んだりしながら、自分なりの工夫をして技を発展させること。「離」とは、型や教えから離れ、自分のオリジナリティを生み出すことを指す。

語源は明確ではないが、千利休が茶道の極意として「守りつくして破るとも　離るるとても本《もと》を忘るな」という歌を遺したことから生まれた言葉ともいわれている。

「型」にまつわる印象的なエピソードもある。故・18代目中村勘三郎の話だ。

劇作家・唐十郎が主宰するアングラ演劇を見た若かりし勘三郎が、父である17代目勘三郎に「ああいう歌舞伎がしたい」と訴えたことがあるという。ところが、「百年早い。そんなことを考えている間に百回稽古しろ！」と叱られてしまった。

納得がいかず悶々としていたある日、僧侶で教育者の無着成恭氏の言葉を知る。「型がある人間が型を破るのが型破り、型がない人間が型を破ったら形無し」

以来、型を習得することに心血を注ぎ、後継者にも幼い頃から基本を叩き込んだそうだ。

タテとヨコをつなげ

プロフェッショナルとは、必ずしもスペシャリストを指すのではない。

もちろんビジネスには、自分の専門領域の中で仕事をする「専門家」も必要だ。ＮＴＴ

データにもシステムエンジニア、営業、コンサルタント、研究開発、財務、法務などの、高い専門性を持つ社員が大勢いる。

一方で、チームのメンバーや社内外のステークホルダーまでを巻き込み、全体をコーディネートするプロフェッショナルもなくてはならない存在だ。当社であればプロジェクトの総合的な責任者である「プロジェクトマネジャー」がそれに当たるが、システム構築以外の分野でも、素晴らしいプロジェクトマネジャーは大勢いる。

私が強烈なプロフェッショナリズムを感じたプロジェクトマネジャーの一人を挙げるとすれば、ラグビー日本代表の前ヘッドコーチ、エディー・ジョーンズ氏である。ラグビーワールドカップ2015で、強豪・南アフリカを破るという快進撃をもたらした人物だ。まさしく、チームビルディングのプロフェッショナルといえるだろう。

そもそも、肉体と肉体がぶつかり合うラグビーにおいて、小柄な日本人は圧倒的に不利だ。しかし、エディー氏は弱みを強みに変えるスタイル「ジャパン・ウェイ」によって、チームを世界一タフな集団に変えた。「低いタックル」「素早いパス回し」「倒れてもすぐに起き上がる」——体は小さいが、俊敏性、フィットネス、スタミナ、忍耐力に優れた日本人だからこそ可能な戦略である。

選手一人ひとりの性格や能力も鋭く見抜き、引っ込み思案なメンバーがいればあえてレギュラーに抜擢したり、逆に自己過信するメンバーはレギュラーから外したりするといった、大胆な配置転換もした。

「日本ラグビーを変えるため、ワールドカップで勝つ」という高い目標を掲げて突き進んだことも、チームの結束力をいっそう強靭にしたといえる。

私自身もプロジェクトマネジャーとしてさまざまなプロジェクトを手がけてきたが、どんな条件であれ、勝利を目指しチームを率いていくエディー氏の哲学には共感するところが多い。

２０１５年1月26日に放映されたテレビ番組『プロフェッショナル 仕事の流儀』で彼は、「私にとってプロフェッショナルというのは何事も常にしっかりやろうとしている人だと思います。どこであろうと何をしていようと、自分の仕事はできるだけ完璧にやろうとする人です」と語っている。

こうしたエディー氏のリーダーシップからわかるのは、プロジェクトマネジャーには、2つの能力が求められていることである。

一つは、明確なビジョンを具体的な言葉で語り、聞く人々に同じ未来を共有したいという思いを抱かせ、そこまでの道筋を示す「タテをつなぐ力」である。先頭に立ってチームを牽引し、一緒に進化していく。

そしてもう一つは、選手やスタッフの能力、個性を引き出し、チームとしてまとめ上げる「ヨコをつなぐ力」である。一般の企業であれば、部下だけでなく、他部署や異なる職種、さらには会社と会社の間にある壁をも突破せねばならないこともあるだろう。人をつなぎ、力を結集する共創の場を形成する力が求められる。そしてプロジェクトマネジャーはその中心にいて、緊密な連携によって、単体では成しえない価値を生み出すのだ。

この「タテとヨコ」をうまくつなぐことができれば、ステークホルダーの誰もが納得する、最良の結果を生み出すことができる。

共通のゴールをつくる

社会の信頼を得るため近江商人たちが編み出した「三方よし」の知恵は、企業の社会的責任（CSR）が叫ばれるようになって以降、あらためてその価値が見直されている。CSRの考え方自体は、もともと同族大企業の多いドイツで生まれたものだが、三方よしは

ＣＳＲと比肩する日本発の経営哲学といえよう。

ＮＴＴデータでも、三方よしの理念に通じる事業を数多く展開してきた。当社の企業理念「情報技術で、新しい『しくみ』や『価値』を創造し、より豊かで調和のとれた社会の実現に貢献する。」が象徴するように、私たちは「社会」というものを強く意識している。顧客、自社、その他の関係各社、そして社会。それぞれの壁を越えて、世の中が変わるような大きな価値を生み出す――言わば会社としての「哲学」を具現化したものばかりだ。

たとえば、第５章でも触れたＡＮＳＥＲは、共通のセンター設備やソフトウェアを利用することで各金融機関のシステムコストを大幅に軽減した。１９８１年にスタートしたこのサービスは、いまでは個人のインターネットバンキング、法人のインターネットバンキングはもちろん、アプリバンキングや法人向けの外為インターネットバンキング、電子債権を記録するでんさいネット接続などに広がり、金融サービスを利用するユーザーの利便性を飛躍的に向上させ、日本の金融、経済を支えている。

クレジットカードの領域では、日本最大のカード決済総合サービス、ＣＡＦＩＳ（Credit

And Finance Information System）がある。クレジットカード、デビットカード、非接触ＩＣカード、ギフトカードなどの決済サービスに加えて、与信照会やキャッシング、コンビニのＡＴＭによる現金引き出し、口座振替の受付など、提供する機能は幅広い。

高度なセキュリティの下、曜日や時間に関係なく、現金を持ち歩かずにありとあらゆる決済を行えることで、カードホルダーの利便性はもちろん、消費活性化にも大きく貢献している。

税金や公共料金の支払いをＰＣや携帯電話、ＡＴＭから簡便にできるペイジー（Pay-easy）のシステムは、サービスの運営元である日本マルチペイメントネットワーク運営機構に当社がシステムを提供している。自治体や公共サービス機関、金融機関などの間にある壁を取り払うこのシステムによって、料金の収納率は格段にアップした。支払金額の間違いや再請求の発生も減り、コスト軽減に貢献している。

もちろん支払者の利便性も大いに向上した。わざわざ金融機関の窓口に足を運んでいたのが、いつでも、どこでも手元の作業で済ませられるようになったことで、期限内の納付率がアップしたと聞いている。現在では携帯電話料金や生命保険料、ネットショッピング、オークション、アメリカのビザ申請料金の支払いなど、さらにサービスの幅を広げている。

ステークホルダーの利害を調整し、壁を越えるのは簡単なことではない。実際、先に挙げた当社の3事業すべてで、いくつもの障害がプロジェクトの完遂を阻んだ。いまこうしてサービスを提供できているのは、その壁を乗り越えた証といえる。

トップの決断、プロジェクトマネジャーの洞察力、現場の一人ひとりの踏ん張り……。勝因はいくつもあるが、あえて一つ挙げるのならば、プロジェクトの軸となる「共通のゴール」を持ちえたことだろう。

立場も考え方も文化も違う多様なメンバーと、各メンバーが獲得できる価値の合計を最大化するという目標に向かって突き進む。それは、三方よしで言えば、「世間よし」の部分に当たる。

ビジネスの多くは、「売り手よし」「買い手よし」の2つの軸で動きがちだが、「世の中に便利なものを生み出す」「エンドユーザーの利便性を向上する」という、「世間よし」の視点を入れることで、売り手も買い手も目先の利害に囚われることなく最良のものをつくるという「共通のゴール」を持てるようになる。その結果、大きな価値を生み出す一歩を踏み出すことができたのだと思う。

そこに哲学はあるか

大きな価値を生み出すため、プロジェクトマネジャーにとってもう一つ不可欠な要素が、本書でずっと述べてきたこだわり、もっと言えば哲学を持っていることだ。三方よしに「自分」を加えた「四方よし」ともいえる。

「私たちがいま目指しているゴールは、ステークホルダーにとって、そして社会にとって望ましいものか」

「スケジュール、フォーメーションを目にしたメンバーの胸に、何としてでも完遂したいという闘志を呼び起こせるか」

「そして何より、自分らしいプロジェクトといえるか」

こうした問いを常に自分に投げかけていること。なかでも最後の問いに対し、「そうだ、これこそ自分がやりたいことであり、自分にしかできないことだ!」と心から言い切れるかどうか。それが最大のポイントである。

これまで、独自の考え方を貫き通すプロジェクトマネジャーに何人か出会ったが、全員が全員、尊敬に値する哲学を持っていた。彼らの共通点は、どんなピンチが訪れようと、周囲から反対されようと、逃げずに目標に挑む姿勢である。それも、自分らしいやり方を必ず持っているのである。

りそな銀行のシステム統合プロジェクトも、そうした哲学が問われる厳しいプロジェクトだった。りそな銀行は2003年3月に大和銀行とあさひ銀行が統合した銀行で、誕生からわずか2カ月後には巨額の公的資金を投入されるという、極めて厳しい船出となった。

銀行再建の課題はたくさんあったが、中でも資金と人材を投入して必ず実現しなければならなかったのが両行のシステム統合だった。それは単なるシステム統合ではなく、与えられた期間は2年弱と短くて延伸が許されないうえ、投入できる資金にも限りがあった。

これを実現するため、りそな銀行とNTTデータの限られたメンバーで、実現の可能性を模索した。その結果、旧あさひ銀行系のあさひ銀ソフトウェアをNTTデータが子会社化（現NTTデータソフィア）して、ITアウトソーシングの受け皿にするスキームを採用することが決まった。ただし、この会社移管プロジェクトはシステム統合プロジェクトと同時並行で実施せざるをえず、困難を極めた。

システム統合については、旧あさひ銀行システムに片寄せする方式の下、システム基盤の性能要件や運用要件の確認、旧大和銀行側の特殊処理の吸収をどうするかなど、要件定義を確定させる必要があった。体制構築も含めてすべてが並行して動いており、どれか一つに不測の事態が起これば実現不可能な状況であった。

結論から言えば、予定通りのスケジュールとコスト、そして何より銀行の顧客に大きな迷惑をかけない品質を確保し、順調にサービスを開始することができた。りそな銀行、NTTデータ双方のリーダーたち、経営幹部から担当役員、そして第一線のプロジェクトマネジャーまでが、それぞれの階層でなすべきことをしっかりと認識し、互いにしっかりとコミュニケーションしたうえでひたむきにそのミッションを果たしたことが、奇跡とも呼べる結果を引き寄せたといえる。

アウトソーシングのスキームを数カ月で実質的にとりまとめたりそな銀行の担当役員は、「NTTデータと大局観をもって認識を合わせ、共通のゴールを目指して突き進んだことが成功の秘訣だった」と、後に述べている。

また、システム担当役員として統合をリードしたりそな銀行側のプロジェクトリーダーは、成功要因を次のように振り返る。

「共同プロジェクトにおいて大切なのは、お互いを信じて一体感を持つことではないでしょうか。それぞれの責任や義務を果たすことは当然ですが、それを踏まえてお互いに本音で意見を言い合い、このプロジェクトを絶対に完遂させるんだと心から思うこと。その意味で、私とＮＴＴデータの責任者が、そういう関係性を構築できるかどうかがカギを握っていました。このプロジェクトでは間違いなくそれが実現したのです」

そして、ＮＴＴデータソフィアの立ち上げに携わった当社の開発責任者にもまた、困難な局面にあっても譲れない哲学があった。最も苦労したのは、あさひ銀ソフトウェアを、名実ともにＮＴＴデータソフィアとして生まれ変わらせることだったという。

「銀行の１００％子会社だったため、利益を積んで見積もりを出すという感覚はなかったと思います。でも、きちんとした仕事をして適正な利益を得ることは、ＩＴベンダーとして当然のこと。特にアウトソーサーとして大事なのは、お客様に対する説明責任を果たすことです」

たとえばこういうことだ。提供するあるサービスの品質を、優れていると評価するのか低いと評価するのか。そして、その評価基準はどのようなものかを、常に明確に示さなければ顧客は納得しない。そういうこと一つひとつをおろそかにせず、真摯に向き合う企業文化にしていかなければ、お客様から信頼され、認められることはない。

新たな金融情報システムのアウトソーサーを世に送り出すうえで、こうした彼の哲学が大きな力になったことは間違いないだろう。

このように、プロジェクトを完遂させるにはさまざまな役割を担うプロフェッショナルたちが、同じ目標に向かってそれぞれの役割をきちんと果たすことが欠かせない。だが、それぞれの思いの中には、これまでの経験や価値観が潜んでおり、その人なりの哲学がある。そうした哲学を持つプロフェッショナルがひたむきに行動し、多様なメンバーを率いることで、困難で巨大なプロジェクトも成功に導くことができる。

信頼されるプロフェッショナルへ

もちろん、どんな仕事もきれい事では済まない。働いていれば、嫌な上司に叱られたり、理不尽だと思ってもお客様に頭を下げたりと、日々災難が降りかかってくるものだ。自分の未熟ぶり、世の中の不合理を痛感しながら向き合うのが、仕事の現実である。

それでも私たちはみんな、幸せになるために働いている。「収入を得て家族の笑顔を見る幸せ」「仲間と達成感を分かち合う幸せ」「お客様が喜んでくださる幸せ」など、その幸せのあり方はさまざまだろう。

だが、すべての仕事人に共通する幸せが一つだけある。それは、「プロフェッショナルになる幸せ」だ。プロフェッショナルになることで、私たちはほかの誰でもない、「自分のために働く」という醍醐味を味わえる。繰り返しになるが、「自分のために働く」ことは私利私欲に走ったり、我がままを通したりすることではもちろんない。お客様や仲間、そして世の中に貢献するために自分が果たすべき役割がわかり、実際に貢献している実感がある。それが、「プロフェッショナルとしての自分」になる幸せである。

プロフェッショナルに到達する道は、これまで語ってきた通りだ。

「まずは、誰のためでもなく自分のために働くという、その重要性に気づくこと」
「自分という人間を知り、誰にも負けない強みや独自性、すなわちこだわりを持つこと」

「そのこだわりを組織、顧客、そしてテクノロジーの進化やグローバル化といった変化する時代にぶつけながら磨き上げること」

これらのプロセスを経れば、それによってもたらされる果実ともいうべき、プロフェッショナルになる幸せを手にし、大きな価値を生み出す仕事ができるようになる。そして、そうなって初めて、「自分のために働く」ということが実現できるのである。

その果実を得るのは簡単なことではない。自分のために働いていると言い切った瞬間から、いっさいの言いわけができなくなるからだ。会社の利益になるから、顧客の出した条件だからといった、他人の決めた物差しを拠り所にして仕事をするのならば、要求をクリアすればそれでいい。

しかし、より価値がある、意味がある仕事がしたいという思いに真っすぐに向き合うならば、自分自身の内なる成長エンジンをフル稼働させ、ひた走らねばならない。しかも、あらゆるステークホルダーの思惑を乗せて、時には襲いかかる霧や雨風と戦いながら、である。つまりそれは、厳しい修羅の道だ。

ただ、挑戦するだけの価値は十分にある。なぜなら、「自分のために働く」ことで、あなたはあなたの人生の主役になれるからだ。誰かに走らされているのではない。どんな悪路であれ、美しい絶景の道であれ、自分の選んだ道を疾走する快感は、何物にも勝る喜びとなる。

知りながら害をなすな

２０１８年、ＮＴＴデータグループは従来のグループビジョン「Global IT Innovator」に代えて、「Trusted Global Innovator」を掲げた。違うのはＩＴの文言がなくなり、代わって「Trusted」が加わった点だ。ＩＴを外したのは、あえて表記するほどもないほど、社会の隅々にまでＩＴが入り込み、ＩＴなしの生活が考えられなくなったためである。

一方、新たに加わった「Trusted」は、日本語にすれば、皆さんよくご存じのように「信頼」となる。

まず「信」は、「にんべん」に「言」と書くが、その成り立ちをたどると、「辛《しん》」の下に「口《こう》」を書く象形文字になる。辛は刑罰として刺青を彫る時に使う針（刃物）の形を、口は神への誓いの言葉である祝詞を入れる器をそれぞれ意味する。つまり「信」という字は、約束を守らなければ厳しく罰せられてもいいという神との誓いの下で、互いを信じて交わす約束を表している。

また「頼」は、「束」と「刀」と「貝」から成り、功績と財産があって、頼りがいのある人を表す。

このように「信頼」とは、音声も画像も記録できなかった時代の人々が、神の前で言葉を発するのと同じほどの重みをもって、約束を守ること、頼り・頼られることを誓ったところから来ている。


おかげさまでNTTデータは、2018年に創業30周年を迎えた。前身となる日本電信電話公社のデータ通信本部設立から数えると50年。その間に提供してきた数々の情報システムでビジネスと社会を変え、支えてきたことに、私たちは誇りを持っている。派手なところはないかもしれないが、信頼に足る会社だという点ではどこにも引けを取らないと自負している。では、なぜ「Trusted」をわざわざ掲げたのか。


一つは、私たちの事業が急速にグローバル化したことがある。現在、53カ国、12万人の社員がNTTデータグループの傘の下で働いている。海外売上高比率は40%を超える。

当然、日本で、日本のお客様を相手に、日本人社員が中心となって事業を行っていた時

図表7　「信頼」という言葉の成り立ち

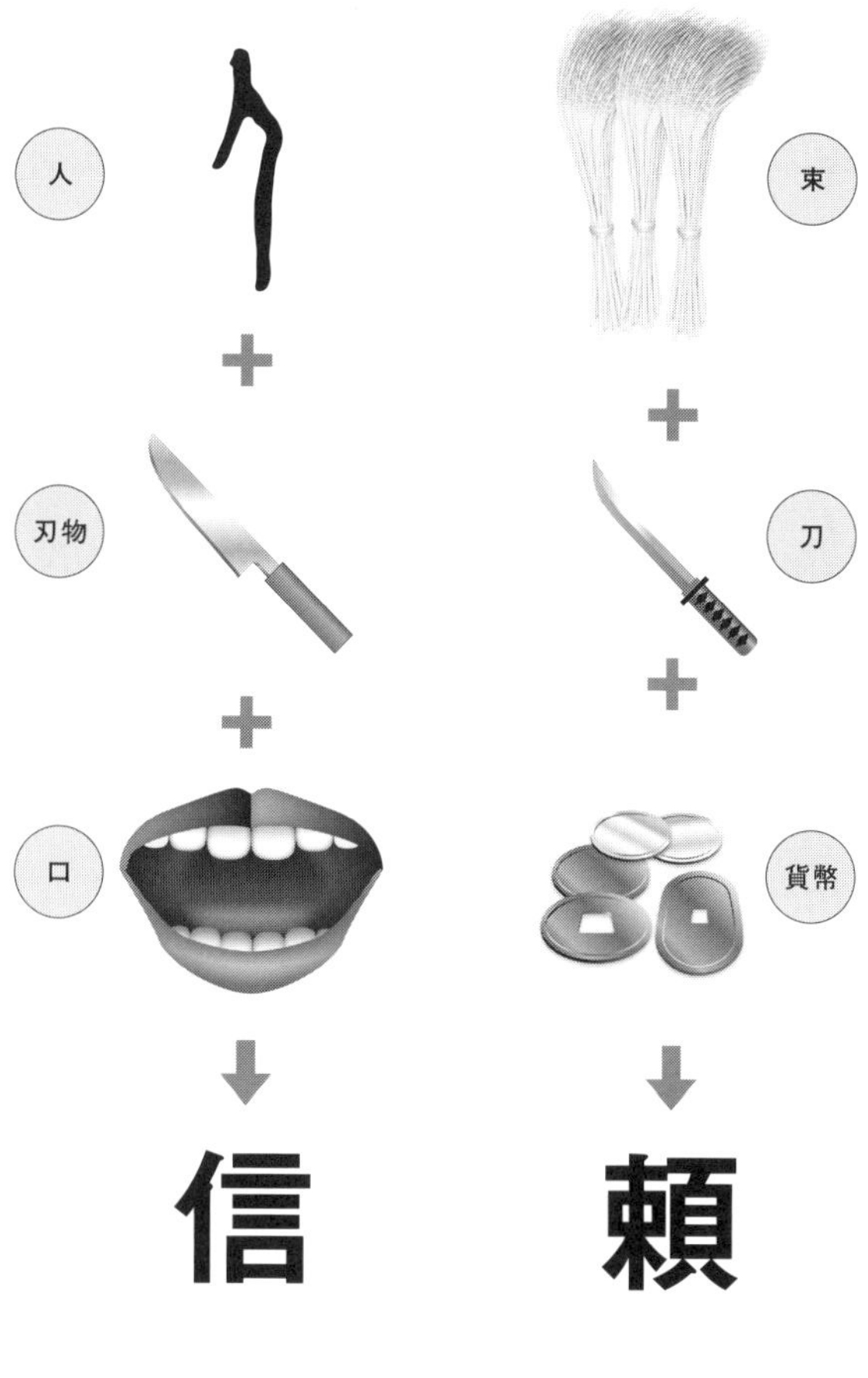

と、何もかも同じというわけにはいかない。日本とは異なる文化や商習慣を持つ社員が、多様なお客様の多様なニーズに応える時、私たちがこれまで大事にしてきた「信頼」を、あえて明示する必要があると考えたのだ。

「trust」も「believe」も、どちらも信じるという意味を持つが、そのニュアンスは違う。「believe」が相手の話や何かの存在を信じる時に使われるのに対して、「trust」は対象となる人・物の存在そのものや、その公正さを信じるという意味になる。また、心理学においては「trust」には「期待」の意味があるとの見方がある。つまり、「trust you」と言う時、そこには相手の存在、公正さ、能力への期待などが込められているということだ。

お客様は私たちの公正さや能力を信頼して、パートナーに選んでくださる。そして私たちは自社の利益のみではなく、長期的な視点でお客様に寄り添い、夢や望みを実現するお手伝いをする。そこに、世界中のどのライバルにもないNTTデータグループの強みがある――このことを、国内はもちろん、増え続ける海外グループ社員にも、あらためて重く受け止めてほしいと考え、「Trusted」の一語を加えた。

もう一つの理由は、自社のDNAともいえる「信頼」を、もう一度しっかりと見つめ直す必要があると考えたからだ。お客様をはじめとするステークホルダーに信頼され、それに応えることで、ここまで歩んできた。

その歴史の中で「信頼」は常に私たち一人ひとりの胸の中にあったが、あまりにも当然のことであるため、あえて口に出すことは少なかった。しかし、私たちもお客様も常に新陳代謝を繰り返し、変わり続けている。激しい環境変化の中にあってもゆらぐことなく受け継がれるDNAを、誰の目にも明らかに掲げる。それが新グループビジョンに込められた思いだ。

おかげさまで「Trusted」は、国内だけでなく、海外のグループ社員にもすんなりと腹落ちしたようだ。海外子会社のCEOたちと話しても、「Trusted」は非常にいいイメージでとらえられている。

多くの民族が入り混じって生活している社会では、個人的にもビジネスの場面においても、「信頼」という言葉は日本以上に重い価値を持つのかもしれない。暗黙の了解や阿吽の呼吸が通じない国際社会では、当たり前と思えることでもはっきりと口に出し、文字に表して伝えることの大切さをあらためて実感させられた。

ドラッカーは、プロフェッショナルには高い倫理が要求されると述べている。それは、「知りながら害をなすな」ということである。

医師が効果がないと知りながら薬を処方することも、建築家が構造耐力に問題があるのを承知の上で設計することも許されない。それゆえプロフェッショナルは信頼され、その信頼の上に世の中は成立している。言い換えれば、クライアントから信頼されなければ、それはプロフェッショナルではないということになる。

私たちは真のプロフェッショナルである――その自負の下、「Trusted」の言葉を掲げていく。

まとめ：「岩本流」プロフェッショナルとの向き合い方

この章では、プロフェッショナルになることの価値と楽しさをお伝えしてきたが、そう言う自分はどうなのかと聞かれれば、私は「プロジェクトマネジャーのプロ」だと自負している。

実際には、40歳を過ぎた頃からは、いわゆる現場のプロジェクトマネジャーとしてではなく、管理者、そして経営者の立場で仕事をしてきたが、それも広い意味でのプロジェクトマネジャーだと私はとらえている。

私なりの「プロジェクトの定義」を紹介しよう。あらゆるプロジェクトには、3つの共通した要素がある。目標と期限、それにコストが定められていることだ。プロジェクトというと、大規模工事やシステム開発、未知の領域に挑戦する宇宙開発や先端技術の研究などがすぐに思い浮かぶが、先の要素を満たしているという点では、家計をやりくりして子どもの教育費を準備するのも、町のパン屋さんが新商品を開発するのも立派なプロジェクトということになる。

そして企業経営も、期限を区切って目標を設定し、また次の目標に向かって成長を目指すという点ではやはり一つのプロジェクトであり、その計画と実行の責任を負う経営者はプロジェクトマネジャーとなる。

入社以来さまざまなプロジェクトに携わってきたが、最も印象的なものの一つが、日本銀行の次世代RTGS対応だ。RTGSはReal Time Gross Settlementの頭文字を取ったもので、日本語にすれば、即時グロス決済となる。

RTGSは、特定の金融機関や市場が機能不全となった時に、影響がその他の金融機関や金融システム全体にまで波及する金融危機を起こすシステミックリスクを大幅に軽減できるという利点がある。その半面、各金融機関は日銀当座預金に決済のため多額の資金や担保を準備しておく必要があり、資金効率の面で問題があった。そこで、準備する資金や担保の量を節約する流動性節約機能を導入したのが次世代ＲＴＧＳで、ＮＴＴデータグループがそのシステム開発の一翼を担った。

詳しい説明は省くが、かなり高度な技術が要求されるシステムだったことは間違いない。だが、最大の問題はそのタイミングだった。システム稼働は２００８年の10月と決まっていたが、その前月にリーマン・ブラザーズが経営破綻し、１００年に一度ともいわれる金融危機が世界を襲っていた。そんな時に万が一、日本の中央銀行が新たに稼働する決済システムにトラブルがあれば、さらに混乱が拡大するのは避けられない。失敗が許されない状況だったのである。

そして、その日が訪れる。無事に新システムが稼働した安堵と達成感は、それまでに経験したどのプロジェクトとも一味違ったものだったが、後日その喜びをさらに大きなものとする話を、日銀のプロジェクト担当の局長から聞かせてもらった。

新システム稼働からしばらくして、局長がアメリカの中央銀行であるＦＲＢ（連邦準備制度理事会）を訪問した時、次のように尋ねられたという。

「こんなタイミングで、あれほど難しいプロジェクトを成功させるとは。いったいどうやってシステムベンダーをコントロールしているのか」

その局長は、しばらく考えて「ロングターム・リレーションシップ」と答えたそうだ。それは、相互の深い信頼に基づく長期にわたる揺るぎない関係性が、絶対に失敗が許されないプロジェクトを成功に導いたことを意味していた。そんなプロジェクトマネジャー冥利に尽きる言葉を聞かされ、私の胸には誇りと幸せがあふれた。

こうした感動を、一人でも多くの人に味わってもらいたい。だからこそ私は皆さんが、自分のために働き、信頼されるプロフェッショナルになることを心から願っている。

「プロフェッショナルになる」ここがポイント！

プロフェッショナルになれば、
「仕事をすること」と
「生きること」は同義となる。

「自分のために働く」の真実

いよいよ本書も終わりに近づいてきた。ここまで読んでいただいた皆さんに、まずはお礼を言いたい。「自分のために働く」という、企業経営に携わってきた人間らしくない突飛とも思えるメッセージに、最初は驚かれたかもしれない。しかし、この簡潔な言葉に込めた私の真意は、もう皆さんに伝わったことと思う。

会社のためでも、誰かのためでも、そしてもちろん私利私欲に駆られるのでもなく、確固たる自分の軸を持って、なすべきことをなす。その足取りが確かなものなら、自分を取り巻くステークホルダーにも価値をもたらし、信頼されるプロフェッショナルとなる。「自分のために働く」ことは、世の中に価値をもたらし、その結果、仕事に費やすあなたの多くの時間を豊かなものにしてくれるのだ。

ちなみに第2章で紹介したマズローの欲求5段階説には、実は6段階目がある。晩年、彼自身がそれまでの生理的欲求、安全欲求、社会的欲求、尊厳欲求、自己実現欲求の5段階の上に、「自己超越欲求」を加えたのだ。

それまでの5段階がいずれも自分のことを言っているのに対して、6段階目はその自己を超越するのだという。

満たされ、評価され、成長するといった「自分」を主体とする欲求を突き抜け、世界と自分が一体になったように感じ、普遍的な価値に究極の喜びを感じる。自己への執着から解き放たれたその喜びをマズローは、至高体験（peak experience）と呼んでいる。5段階までを利己的な欲求とするなら、自己超越は利他の幸福といえるだろう。

ここまで来ればもう、自分のためも、組織のためも、社会のためも、区別する必要はない。何しろ、一体になっているのだから。これが、私の言う「自分のために働く」の真実である。

「自分のために働く」ことは実に楽しく、そして厳しい。しかしそれは、間違いなくあなたの人生を、価値あるものにしてくれる。

「自分のために働く」――それは、一生を賭けるにふさわしい〝挑戦〟なのである。

あとがき

つい最近まで、12万人の大所帯となったIT企業グループのトップをしていた私が、なぜいまこれほどまでに、一人ひとりが「自分のために働く」ことにこだわり、それを多くの人に伝えようとしているのか。それを不思議に思う方もいたかもしれません。

実際、働き方について公の場で詳しく話をしたり、仕事と向き合うための心の持ち方についてまとまった文章を書いたりしたことは、これまでにほとんどありません。今回あえて、こうしたテーマについて自分の考えを著したのは、多くの人にとって、「働く」と「生きる」の2つは、重なる部分がとても大きいからです。幸せな働き方は、幸せな人生を過ごすうえで、とても重要な要素です。

がむしゃらに過ごした会社員時代の28年、その後、経営者になって14年、合わせて42年超の長い年月が経ったいま、あらためて振り返ってみると、私の人生はやはり仕事が大半を占めていたように思います。

もちろん近年はワークライフバランスが重視され、仕事一筋ではなく、家庭や地域でも役割を果たしながら、公私ともに充実させることを求められているのは、私も承知しています。企業もさまざまな制度を設けて、その実現をバックアップしようとしていて、当社も積極的に取り組んでいます。

しかし、いくら会社が制度や仕組みを用意したとしても、それが形だけのものでは意味がありません。何よりも大切なのは、そこに働く一人ひとりの社員が、自分らしく、自分のために働くこと、そして生きることです。各人がそこに「自分」という存在を置きたい、みんなと力を合わせて何かを成し遂げたいと思えないのであれば、どんなに立派な制度や仕組みであっても、ないのと同じです。

仕事一筋になれと言うつもりはありませんが、睡眠時間を除けば、私たちは人生の多くの時間を仕事と向き合っているのも事実です。であれば、その時間をより充実させ、心満たされる働き方をしたほうがいいに決まっています。また、どんな仕事においても、楽な仕事はありません。あなたがもし、いまの仕事が楽だと感じているなら、それはあなた自身が仕事のレベルやハードルを下げてしまっている可能性があります。

どんな業種であれ職種であれ、自分が納得し、周りからも認められるようなよい仕事をするためには、時に「自分で自分を律する」という強い覚悟も必要です。自分のしたいこと、なすべきことをきちんと理解し、それを自分のミッションとしてしっかりと背負わない限り、仕事を通じて本当の幸福を味わうことはできないでしょう。

日本人はチームワークが強みだといわれます。ただ、世界を相手に戦うことが求められ、否応なしにビジネス環境がものすごいスピードで変わり続けるいまの時代には、チームワークだけでは太刀打ちできません。むしろ、イチロー選手や本田圭佑選手といったトップアスリートが時折口にする、「強いチームをつくるためには、強い個が必要だ」という考えに、私は共感を覚えます。その意味では、「真実一路」という座右の銘は、強い個になりたいという私自身の心の声でもある、といえるでしょう。

ここまで、私の座右の銘として「真実一路」の話をしてきましたが、これは中学2年の時、生徒会長にクラス代表で立候補した時の選挙公約でした。「自分が信ずる真実」を会長として実施します、と。

そして高校に進学すると、当時の長野県立諏訪清陵高校生は、次の孟子の漢詩を合言葉のようにいつも口に出していました。私も布製の肩掛けカバンの帯にマジックで黒々と記し、通学していたものです。

自反而縮（みずからかえりみてなおくんば）
雖千萬人（せんまんにんといえども）
吾往矣（われゆかん）

意味は真実一路とほとんど同義で、「自分で本当に進むべき正しい道だと思えば、たとえ千万人が反対だとしてもその道をひたすら突き進む」ということです。社会人になってからも、この2つの言葉が私の支えとなってくれました。

いずれも大切なのは、下の句よりも上の句です。「自分が進むべき道は何か」をしっかりと認識した時、私は強い自分に生まれ変わることができたように思います。プロジェクトの基本スケジュールを大きく見直すとか、プロジェクトリーダーを交代させるといった非常に苦しいギリギリの決断をした時、私の心の中には常にこの言葉がありました。

先ほど、私の人生は仕事が大半を占めていたと言いましたが、だからこそ、苦しい時、つらい時に逃げたい気持ちを振り払い、必死にもがきながらも前へ進もうとする「強い自分」が必要でした。もちろん私の中にも、「弱い自分」がいます。しかし、強い自分に少しでも近づこうと自分自身を奮い立たせ、時には生意気だと思われるぐらいに、自分を信じてがむしゃらに働いてきました。そのおかげで、現在の自分があるのだと思います。

そして私は、経営者になりました。グループ約12万人の社員の生活を預かる社長という立場にあった時には、厳しい目標を社内に掲げなければならないこともありました。しかし、そうした厳しい目標に挑戦する時こそ、社員一人ひとりの力が不可欠です。

その一人ひとりが「強い個」となった時、「強いチーム」も生まれます。そして、その強いチームの数だけ、会社も強くなっていく。そのためには、誰もが自分のために働き、自分自身の成長のエンジンを燃やし続けることが欠かせません。


私も一人のビジネスパーソンです。年の離れた若い人たちには、少しばかり多く経験を積んだ人生の先輩として、同世代の人たちには、同じ時代を生き抜いてきた同輩として、伝えたい。そう、ただ一度きりの人生だからこそ、誰かに与えられた道ではなく、自分の道を走ることが、いかに尊いことかを。そのためにも、「自分のために働く」ことに徹底的にこだわってほしいのです。

こうした思いをより多くの人に伝えたいと思い、この本を書きました。この本がもし、働くことの目的を見失いかけていたり、仕事との向き合い方に悩んでいたりする人の手に届き、何かを変えるきっかけになれば、著者としてこれ以上嬉しいことはありません。

なお、本書を執筆するに当たって、多くの方々にご支援、ご尽力をいただきました。ここであらためて、感謝の意を表したいと思います。

まずは、私がこれまでの仕事を通じて出会うことができたすべてのお客様。時には励まされ、時には翻弄されながらも、私はお客様のおかげで成長することができました。この場を借りて、厚くお礼申し上げます。本書の中で、印象に残ったエピソードをいくつかご紹介させていただいたこと、どうぞご容赦いただければ幸いです。

また、本書の編集を担当くださった、ダイヤモンド社のスタッフの皆さんにも感謝申し上げます。企画から編集に至るまで、全力でサポートいただきありがとうございました。

最後に、本書の制作に協力してくれた、ＮＴＴデータグループのスタッフたちにも感謝します。本当にありがとう。

強い個が集まった、強いチームの中で、この本を一緒につくり上げることができたことを、とても幸せに思います。

２０１８年10月

ＮＴＴデータ　相談役　岩本敏男

山脇直司(2008)『グローカル公共哲学』東京大学出版会

アルビン・トフラー著、徳山二郎監訳、鈴木健次・桜井元雄他訳(1980)『第三の波』日本放送出版協会

ヨーゼフ・A・シュンペーター著、塩野谷祐一・東畑清一・中山伊知郎訳(1977)『経済発展の理論』岩波書店

【その他】
「遠回り」の金メダル スピードスケート選手・小平奈緒さん
『朝日新聞』、2018年3月30日朝刊

日本は、日本の道を行け ラグビー日本代表ヘッドコーチ／
エディー・ジョーンズ 『プロフェッショナル 仕事の流儀』
NHK、2015年1月26日放送

三波春夫オフィシャルブログ(2018年5月24日アクセス)
http://www.minamiharuo.jp/blog/2007/04/post_9.html#more

慶長遣欧使節船協会「慶長遣欧施設とサン・ファン・バウティスタ」
https://www.santjuan.or.jp/history.html (2018年5月24日アクセス)

ソニー「Sony History」https://www.sony.co.jp/SonyInfo/CorporateInfo/History/SonyHistory/ (2018年5月24日アクセス)

「おさまってたまるか」中村勘三郎が語る仕事「仕事力」、
『朝日新聞デジタル』、2005年4月17日更新
http://www.asakyu.com/column/?id=90

参考文献・資料（出現順）

【書籍】

リンダ・グラットン、アンドリュー・スコット著、池村千秋訳（2016）
『ライフ・シフト』東洋経済新報社

リチャード・ドッブス、ジェームズ・マニーカ、ジョナサン・ウーツェル著、
吉良直人訳（2017）『マッキンゼーが予測する未来』ダイヤモンド社

ニコラス・ネグロポンテ著、福岡洋一訳（1995）
『ビーイング・デジタル』アスキー

レイモンド・カーツワイル著、井上健監訳、小野木明恵・野中香方子・
福田実訳（2007）『ポスト・ヒューマン誕生』NHK出版

ダンカン・ワッツ著、辻竜平・友知政樹訳（2016）
『スモールワールド・ネットワーク』筑摩書房

クレイトン・クリステンセン著、玉田俊平太監修、伊豆原弓訳（2001）
『イノベーションのジレンマ』翔泳社

アブラハム・マズロー著、金井壽宏監訳、大川修二訳（2001）
『完全なる経営』日本経済新聞出版社

ピーター・F・ドラッカー著、上田惇生訳（2001）
『エッセンシャル版・マネジメント』ダイヤモンド社

松下幸之助（1991）『社員稼業』PHP研究所

ダニエル・ピンク著、池村千秋訳（2002）
『フリーエージェント社会の到来』ダイヤモンド社

ピーター・F・ドラッカー著、上田惇生訳（2006）
『現代の経営・上下巻』ダイヤモンド社

企画協力

【NTTデータグループ】(50音順)
青山有吾、池田佳子、植木美和、風間聡、片山修司、神田主税、黄檗 隆、権現智史、佐久間康久、関田勉、滝口靖之、戸田暢彦、冨岡洋子、頓所孝之、中村春幸、野口英樹、細谷好志、増本啓、松元勝利、村松恵、森本雄、吉村学

［著者］
岩本敏男（いわもと・としお）
NTTデータ 相談役

1953年長野県生まれ。1976年東京大学工学部卒業、同年日本電信電話公社入社。中央官庁システム、日本銀行、東京証券取引所などの社会インフラとなるビッグプロジェクトを、システムエンジニア、プロジェクトマネジャーとして数多く手がける。

1988年のＮＴＴデータ通信株式会社（当時）分社以降、2004年取締役決済ソリューション事業本部長、2007年取締役常務執行役員 金融ビジネス事業本部長、2009年代表取締役副社長執行役員を経て、2012年代表取締役社長に就任。6年間社長を務めた後、2018年6月に退任し、現職。

著書に『IT幸福論』（東洋経済新報社、2013年）がある。

自分のために働く
人生100年時代にふさわしい挑戦

2018年10月24日　第1刷発行

著　者――岩本敏男
発行所――ダイヤモンド社
〒150-8409　東京都渋谷区神宮前6-12-17
http://www.diamond.co.jp/
電話／03·5778·7235（編集）　03·5778·7240（販売）
装丁――――金井久幸（TwoThree）
DTP　―――TwoThree
編集協力――相澤摂（エノローグ）、鈴木貴博（百年コンサルティング）、西川敦子
製作進行――ダイヤモンド・グラフィック社
印刷――――勇進印刷（本文）・慶昌堂印刷（カバー）
製本――――ブックアート
編集担当――宮田和美

ISBN978-4-478-06908-0